LE PEINTRE GRAVEUR.

PAR

ADAM BARTSCH.

DOUZIÈME VOLUME.

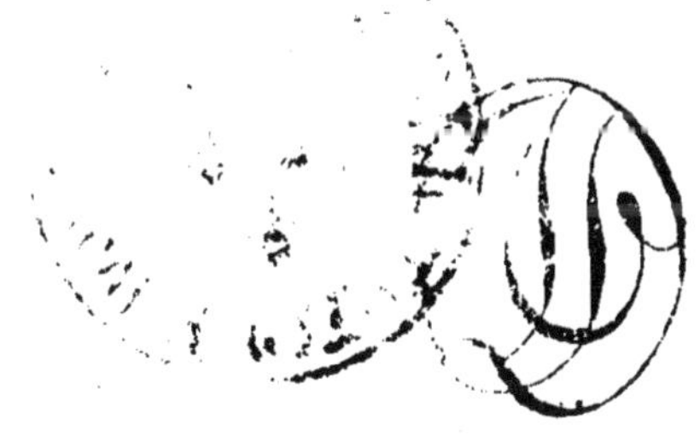

A VIENNE,

DE L'IMPRIMERIE DE J. V. DEGEN.

LIBRAIRE PLACE ST. MICHEL.

1811.

CONTENU DU XIIe VOLUME.

LES

CLAIR-OBSCURS

DES

MAITRES ITALIENS.

AVANT-PROPOS.

On donne généralement le nom de *Clair-obscur* à celles des gravures en bois qui offrent des imitations de desseins faits sur du papier teint de couleur et rehaussés de blanc. Cependant il y a deux sortes de ces estampes qui diffèrent essentiellement et par le genre du dessein qu'elles représentent, et par le procédé méchanique qu'on emploie pour les produire.

Les Clair-obscurs de la première classe offrent des desseins faits à la plume par tailles ou hachures sur du papier teint de couleur, et rehaussés de clairs. Ils sont faits avec deux seules planches dont l'une présente la taille, l'autre le fond du papier et les clairs ou rehauts.

Ceux de la seconde classe présentent ou des desseins faits au pinceau avec du bistre, ou des peintures exécutées avec trois,

A 2

quatre ou cinq teintes, par dégradation dans la même couleur, et sans aucune taille, ce qui offre des mattes, comme *Papillon* les nomme, supposées faites au pinceau. Nous voudrions désigner ces Clair-obscurs du nom spécifique de *Camayeux* parcequ'ils imitent les peintures connues sous cette dénomination. Ceux-ci éxigent au moins trois, le plus souvent, quatre planches dont la première fournit les contours et les ombres les plus fortes, la seconde les ombres moins fortes, la troisième les demi-teintes, et la quatrième le fond d'un papier teint de couleur et les clairs.

Les auteurs de l'histoire de l'art ne sont pas bien d'accord ni sur l'époque de l'invention des Clair-obscurs, ni sur le nom de l'artiste à qui il faut en attribuer le mérite. *Vasari* (Introduzione Cap. XXXV) nomme *Hugues de Carpi* qui a vécu au commencement du XVIe siècle, et dont nous avons deux Clair-obscurs datés de l'an 1518. *Heineke* au contraire, (Idée générale etc. p. 289) et d'autres encore, prétendent que cet art a été exercé en Allemagne long temps avant Hugues de Carpi.

Pour résoudre la quéstion, si le mérite

de l'invention des Clair-obscurs appartient aux Italiens ou aux Allemands, il est absolument nécessaire, de considérer les deux classes de Clair-obscurs séparément, et alors il ne reste pas de doute, que l'invention de ceux faits avec trois ou quatre planches ne doive être attribuée aux Italiens, qu'on la doit à Hugues de Carpi, et que parconséquent le rapport que Vasari nous a donné, est exact à un certain point. La preuve en est simple, c'est qu'on n'a point de Clair-obscurs de cette classe qui soient plus anciens que ceux exécutés par ce maître. On ignore l'année de l'invention de ce genre de gravure, mais on sait positivement, qu'elle a été déjà exercée en l'année 1518, puisque nous avons deux pièces de Hugues de Carpi, qui portent cette date. Ces deux estampes sont la *Mort d'Ananie*, d'après *Raphaël* (Voyez ce Cat. II. Nr. 39) et *Enée et Anchise*, d'après le même peintre. (Ibid. VI. Nr. 12.)

Ce qui concerne les Clair-obscurs à deux seules planches, il est naturel de croire qu'ils ont précédé ceux de plusieurs planches, par la raison qu'ils sont d'un procédé plus simple, et qu'ils ne peuvent être considérés que comme un perfectionnement de la gravure ordinaire en bois exercée déjà long temps auparavant, tandisque les Clair-obscurs avec plusieurs planches sont sans contrédit le résultat d'un raffinement poussé plus loin, et d'un travail beaucoup plus compliqué.

L'invention des Clair-obscurs à deux seules planches, appartient-elle pareillement à Hugues de Carpi? Nous sommes fondés à croire, que les premières productions de cette classe de Clair-obscurs ont été faites en Allemagne avant Hugues de Carpi, c'est-à-dire, avant que les Italiens aient exercé cet art. En nous tenant aux dates qui nous sont restées, nous trouvons le *Rhinocéros d'après Albert Durer* marqué de 1515. (Voyez Peintre Graveur. T. VII. p. 147. Nr. 136.) *Le portrait de Jean Paungartner d'après Hans Burgmair* marqué de 1512. (Ibid. p. 212. Nr. 34) et encore *le portrait du Pape Jules* II marqué de l'année 1511. (Ibid. Nr. 33. Nous ignorions alors l'existence des épreuves en clair-obscur) *Adam et Eve d'après Jean Baudouin Grün* marqué de 1511 (Ibid. p. 306, Nr. 3). *Les sorcières allant au Sabat, d'après le même*, marqué de 1510 (Ibid. p. 319. Nr. 55) *le repos en Egypte, d'après Lucas Cranach*, marqué de 1509 (Ibid. p. 279. Nr. 3) nous trouvons, parconséquent, cinq clair-obscurs faits avant 1518 par différens maîtres Allemands qui, ce qui est remarquable, ont vécu en différentes provinces d'Allemagne, tandisqu'on ne connoît pas un seul clair-obscur à deux planches avec une date, qui soit fait en Italie par Hugues de Carpi. Il est vrai que parmi les 29 pièces qu'on attribue à ce maître, il y en a 9 faites à deux seules planches, qu'il a peut-être gravées avant l'année 1518, mais on a de même plusieurs clair-obscurs des maîtres nommés ci-dessus, ainsi que de quelques autres maîtres de cette même nation, lesquels ne portent point de date, et qui peuvent touts, ou en partie, avoir été gravés avant l'année 1509, c'est-à-dire avant la date la plus ancienne des Clair-obscurs Allemands.

On ignore lequel de ces graveurs Allemands a le premier produit des Clair-obscurs, mais on a sujet de croire, que c'est *Jean Ulric Pilgrim*. (Peintre Graveur. T. VII. p. 449) par la raison que ses ouvrages portent l'esprit d'ancienneté, qui caractérise les estampes de l'origine de la gravure, dans un tel dégré. qu'on ne sauroit s'empêcher de les classer avant les autres Clair-obscurs Allemands dont nous venons de parler. Ce qui est remarquable encore, c'est que toutes les gravures de *Pilgrim* sont éxecutées en clair-obscur, et qu'il n'en existe aucune qui soit gravée de la manière ordinaire, c'est-à-dire, sur une planche seule.

Heineke qui ne semble pas avoir fait attention à la différence essentielle qui se trouve entre les deux classes de Clair-obscurs, en attribue l'invention en général aux Allemands, et il cite, à cette occasion, pareillement *Pilgrim* comme un des plus anciens artistes dans ce genre de Gravure. Cependant il allégue encore d'autres preuves pour son opinion, dont nous ne pouvons pas nous passer de relever ici les erreurs. Il dit, que l'ancien graveur MAIR avoit pareillement gravé en clair-obscur déjà au XVe siècle, et il parle d'une pièce semblable de *Lucas Cranach* datée de l'année 1500. Nous observerons, que nous n'avons jamais vu de gravure en bois quelconque, marquée du nom de MAIR, et que nous sommes intimément persuadés, qu'il n'en existe pas. Il est très vraisemblable, que *Heineke* a pris pour Clair-obscurs celles des estampes de ce MAIR dont nous en avons rencontré quelques unes gravées d'un burin grossier, et imprimées sur du papier teint de couleur, lesquelles ne ressembloient par mal à des Clair-obscurs. A l'égard du Clair-obscur de *Lucas Cranach*, nous pouvons soutenir avec certitude, qu'une telle pièce avec la date de 1500 n'existe pas, et il paroît, que *Heineke* a regardé pour 1500 l'année 1509 dont le 9 n'a pas été bien exprimé, ce qui a été peut être causé par un de ces accidens qui ont souvent lieu lors du tirage des tailles de bois.

C'est à cette occasion que nous croyons devoir aussi avertir nos lecteurs, de se mettre en garde contre quelques passages de l'article *Gravure en bois de camayeu* de l'Encyclopédie méthodique. Beaux-Arts, Tome II. Seconde Partie, p. 638. L'auteur de cet article dont d'ailleurs nous respectons le nom infiniment, a puisé ses matériaux pour la plus grande partie dans l'ouvrage de *Papillon* qui, quoique précieux à des égards très multipliés, renferme, quant à l'historique, un grand nombre d'erreurs qu'il seroit trop long de rectifier ici.

De tout ce que nous venons d'exposer, il résulte 1mo que les Clair-obscurs, se divisent en deux classes essentiellement différentes, dont la première comprend ceux faits avec deux planches, la seconde ceux faits avec trois ou quatre planches. 2do Que les Clair-obscurs de la première classe ont précédé ceux de la seconde. 3tio Que l'invention de ceux de la première classe appartient, suivant toute apparence, aux Allemands, peut-être à *Jean Ulric Pilgrim*, et que le mérite de l'invention de ceux de la seconde classe doit sans contrédit être attribué aux Italiens, et nommément à *Hugues de Carpi.*

Le nombre des Graveurs Italiens en clair-obscur n'est pas considérable. Il y en a plusieurs dont on n'a point de notices, dont on ne connoît pas même les noms. Ceux qui ont acquis le plus de réputation, et dont les ouvrages sont les plus recherchés, sont les suivans.

HUGUES DE CARPI,
DE MODENE.

Suivant *Vasari*, il étoit peintre médiocre, mais homme ingénieux à plusieurs autres égards. Il est certain qu'il a été excellent dessinateur. Ses gravures en bois montrent généralement autant de goût que de fermeté et de correction dans le dessein. Il a, comme nous l'avons dit, le mérite d'avoir été le premier graveur en clair-obscur de l'Italie, et il a le mérite particulier d'avoir inventé ceux faits avec trois ou quatre planches.

Plusieurs de ses pièces sont marquées de son nom, mais il n'y en a que deux qui portent une date, savoir celle de 1518. Au reste on ne sait ni l'année de sa naissance, ni celle de sa mort. *Huber* (Manuel etc.) croit qu'il nacquit à Rome vers l'an 1486, mais il ne dit pas surquoi cette donnée est fondée. *Jerôme Tiraboschi* (Storia della litteratura Italiana. T. VII. P. III. p. 423) a prouvé par des documens authentiques, que *Hugues* étoit un fils d'Astolphe de *Panico*, comte palatin et notaire dont la famille passa de Parme à Carpi vers la moitié du XVe Siècle, et étoit peut-être une branche de l'illustre famille des Comtes de *Panico* du territoire de Bologne. *Tiraboschi* fait de plus mention en particulier d'un contrat écrit par Hugues, concernant une peinture de frise que celui-ci avoit exécutée sur une maison à Carpi, dans lequel contrat il se souscrivoit : *Hugo fiolo del Conte Astolfo de Panicho.* Ce même auteur (Biblioteca Modenese. Tom. III. p. 212) cite l'ouvrage d'écritures d'*Ange de Modène*, imprimé en 1535, dans lequel les figures des diverses lettres gravées en bois viennent de *Hugues de Carpi.* Cet ouvrage a pour titre : *Thesauro de' Scrittori, opera artificiosa, la quale con grandissima arte sì per pratica, come per geometria insegna a scrivere diverse sorte littere, cioè cancellaresche, mercantesche, formate, cursive, antique, moderne et bastarde etc. tutto extracto da diversi et probatissimi autori, et massimamente da lo preclarissimo Sigismondo Fanto nobile Ferrarese mathematico et architettore eruditissimo de la mesure a ragione di lettere primo inventore, intagliata per* UGO DA CARPI. *Ancora insegna de atemperare le penne etc. Ne l'anno di nostra salute MDXXXV. in 4to.* Ce livre est précédé d'une lettre qui donne une idée de l'ouvrage lequel est composé de formes variées de lettres généralement gravées en bois, et à la fin on lit: *Angelus Mutinensis composuit.* On a de cet ouvrage aussi une édition antérieure qui est de l'année 1532. N'ayant jamais vu ce livre, nous ne saurions rien dire sur la part que *Hugues de Carpi* y a eue.

Tiraboschi (Bibl. Mod. T. I. p. 228) cite aussi plusieurs éditions de l'*Anatomie de Carpi*, dont celle imprimée à Bologne chez Benoît Hectoris en 1522, in 4to, et celle à Cologne en 1529 in 8vo sont ornées de figures gravées en bois, qui, suivant son avis, ont été peut être dessinées et gravées par *Hugues de Carpi.* Nous observerons que l'auteur de cet *Isagoge Anatomices*, communément appellé *Carpus*, s'est proprement nommé *Jacobus* ***Berengarius*** *Carpensis*, c'est-à-dire Jacques Berengario de Carpi, et que parconséquent il n'a eu aucune affinité avec notre *Hugues* qui, suivant Tiraboschi même, étoit originaire de la famille *Panico.* Au reste ces gravures en bois sont très mediocres, et très au-dessous des beaux clair-obscurs que *Hugues* avoit gravée en 1518, c'est-à-dire plusieurs années auparavant.

ANTOINE DE TRENTE.

On n'a de cet artiste d'autres notices que celles que nous a laissées *Vasari*. Suivant cet auteur, *Antoine de Trente* a été élève du Parmesan. Ce peintre lui avoit montré la méthode de faire des camayeux à trois planches, dont il en avoit déjà antérieurement fait faire d'autres par *Hugues de Carpi*. Pendant son séjour à Bologne, vers 1530, où *Antoine de Trente* l'avoit accompagné, il employa ce jeune homme à graver en clair-obscur plusieurs de ses desseins, entre autres *la décollation de S. Pierre et de S. Paul*. (*Vasari* Edit. de Siena 1792. P. VII. p. 153.) Il mit aussi en ordre beaucoup d'autres desseins, pour les faire graver; mais un matin, lorsque le Parmesan étoit encore au lit, *Antoine de Trente* ouvrit le coffre de son maître, en enleva tout ce qu'il y avoit en estampes, tailles de bois et desseins, et s'en alla sans qu'on ait jamais eu de ses nouvelles. (Tome VI. Page 353.)

Nous sommes persuadés, que cet *Antoine de Trente* et *Antoine Fantuzzi* sont un même personnage. Les Clair-obscurs d'*Antoine de Trente* sont exécutés d'après le Parmesan; *Fantuzzi* a gravé à l'eau-forte d'après le même maître. La marque sur les Clair-obscurs est AT qui s'accorde très bien avec celles de AT et AF que l'on trouve sur deux estampes de *Fantuzzi* gravées d'après le Parmesan. Le second de ces deux monogrammes peut signifier *Antonius Fantuzzi Tridentinus.* Il est vraisemblable que ce graveur, après s'être échappé de la maison du Parmesan, est allé en France, pour travailler à Fontainebleau sous la conduite du *Primatice* d'après lequel on a plusieurs estampes qui sont sans contredit gravées par ce même *Fantuzzi*, et qui portent presque généralement des monogrammes composés ou des lettres AT, ou de AFT, ou de ANFT. (Voyez Planche Fig. 1.)

JOSEPH NICOLAS VICENTINI DE TRENTE.

L'artiste que *Vasari* appelle *Giannicolo Vicentino*, s'est écrit sur une de ses pièces (II. N.° 15.) IOSEPH. NICOLAVS VICENTINI , en y a joutant une feuille de pampre qui n'est peut-être qu'un ornement. Sur une seconde pièce (III. N° 24) il se nomme NIC. S VICENTINO. T. Comme il est à présumer que pour exprimer *de Vicence*, il auroit écrit VICENTINVS, conformément au nominatif NICOLAVS, nous devons croire que le nom VICENTINI ou VICENTINO est le nom de famille de cet artiste, que la lettre T signifie TRIDENTINVS, et que par conséquent il a été compatriote d'Antoine de Trente, comme il a été son collaborateur. Car *Vasari* rapporte qu'il avoit gravé en clair-obscur plusieurs desseins du *Parmesan*, que ce maître avoit laissés à sa mort. *Huber (Manuel)* l'appelle *JEAN NICOLAI*, surnommé *Rossigliani*, ce qui pourroit faire croire, que le nom de famille de cet artiste a été *Nicolai*. *Papillon* le nommé *Nicolas Rossilianus de Vicence*, graveur en bois de clair-obscur qui a travaillé d'après *Raphael.* Voilà encore un autre nom qui paroît désigner la famille de notre graveur. Comme cependant on ne trouve pas la moindre trace ni de l'un ni de l'autre de ces noms dans aucun auteur de source, nous croyons être autorisé de les regarder comme fictifs ou attribués et appliqués erronnément.

ANDRE ANDREANI.

Né à Mantoue vers 1540, et mort en 1623, suivant d'autres, en 1626. Il étoit habile graveur en camayeu, cependant ceux des auteurs qui mettent son talent à côté de celui de *Hugues de Carpi*, vont trop loin, et semblent avoir ignoré qu'un grand nombre de pièces qui portent son nom ou son chiffre, ne viennent pas de sa main, mais ont et gravées par *Hugues de Carpi*, *Antoine de Trente*, *Nicolas de Vicence* et d'autres graveurs plus habiles que lui. Il a fait l'acquisition de différentes planches de ces maîtres, en a rétabli quelques unes, et les a toutes réimprimées après y avoir ajouté son nom. Au reste il a été aidé par des artistes dont le talent du dessein lui a été nécessaire pour suppléer au peu de savoir qu'il semble avoir eu dans cet art. L'inscription qui se trouve sur une des planches du *Triomphe de Jules César* qui est un des ouvrages les plus considérables d'Andreani, prouve que *Bernard Malpizzi*, peintre de Mantoue y a fourni au moins le dessein, s'il n'a pas même soigné aussi les entrées ou les dégrés de couleurs, et tracé lui-même sur les planches ce qu'il y avoit à graver.

BARTHELEMY CORIOLANO.

Cet artiste étoit le dernier des bons graveurs en Clair-obscur qui ont illustré l'Italie. Il travailla à Bologne entre les années 1630 et 1647, dates que l'on trouve sur ses planches. On le confond presque toujours avec *Jean Baptiste Coriolan* dont on a quelques Clair-obscurs gravés entre les années 1619 et 1625, et que *Fuefsli*, vraisemblament induit en erreur par *Malvasia*, donne pour frère cadet de Barthélemy. Suivant *Bottari*, Jean Baptiste fut le père de Barthélemy, et allemand de nation. (Voyez Giunta alle note del T. II. di Vasari. p. 432. Edition de Rome.) C'est sans doute le même dont *Masini* (Bologna illustrata p. 758) met la date de sa mort au 8 Juillet de l'an 1649.

Le catalogue que nous remettons ici aux amateurs, contient le détail de tous les Clair-obscurs des maîtres Italiens que nous avons pu trouver et examiner de nos propres yeux. Ces pièces n'étant signées, pour la plus grande partie, ni de noms, ni de monogrammes, nous les avons rangées par ordre de matière, afin de faciliter les recherches aux amateurs. Nous avons en outre joint à notre ouvrage deux tables dont l'une offre les pièces rangées sous les noms des peintres d'après lesquels elles ont été gravées, et l'autre les présente sous les noms des graveurs qui les ont exécutées. La raison, pour laquelle nous n'avons admis dans cet ouvrage que les gravures exécutées par des maîtres Italiens, c'est par ce que ces pièces sont les plus recherchées, que nous avons déjà donné la description des Clair-obscurs des maîtres allemands dans les volumes précédens, et que ceux des écoles flamande et françoise ne sont ni assez considérables, ni assez nombreux pour en faire une section séparée, et que d'ailleurs ils ont déjà été décrits par d'autres auteurs.

I. SUJETS
DE L'ANCIEN TESTAMENT.

1. *Eve. D'après D. Beccafumi.*

Eve à genoux se couvrant avec des feuilles de figuier, après avoir péché. Clair-obscur de trois planches gravé par André Andreani d'après une partie du pavé du dôme de Sienne, exécuté par Dominique Beccafumi. On lit à la gauche d'en bas : *Mecarino Inuentore. And.a Intagliat.re Mant.ano Al. S. Ottauio Portiani Canonico del Duomo di Siena dedico L'Anno. M. D. Lxxxvj.*

Hauteur : 17 pouces. Largeur : 11 p. 8 lig.

2. *Abel. D'après D. Beccafumi.*

Abel priant à genoux devant l'autel de l'holocauste. Il est vu de profil et tourné vers la gauche. Ce sujet est pareillement tiré du grand pavé du dôme de Sienne exécuté par Dominique Beccafumi. Clair-obscur de trois planches, gravé par un graveur dont la marque est ($\mathcal{G}V$) qui signifie peut-être VGO CARPENSIS. Toutes fois ce morceau seroit un des premiers essais de Hugues de Carpi, parcequ'il est très médiocrement gravé. Cette marque se trouve vers la gauche d'en bas.

Hauteur : 14 p. 10 lig. Largeur : 11 p. 6 lig.

On a de ce morceau des épreuves tirées d'une seule planche.

3. *Le sacrifice d'Abraham. D'après le Parmesan.*

Abraham prêt à sacrifier son fils Isaac. Le père est vu par le dos, levant le sabre avec la main droite, et portant l'autre sur son fils qui est à gauche sur un autel, les mains liées derrière le dos. Clair-obscur de deux planches gravé par un anonyme, d'après le Parmesan.

Hauteur : 7 p. 6 lig. Largeur : 4 p. 7 lig.

4. *Le pavé du Dôme de Sienne. D'après D. Beccafumi.*

Le premier compartiment du pavé.

Le sacrifice d'Abraham. Le milieu de ce

morceau offre ce patriarche prêt à sacrifier son fils. Il tient le sabre de la main droite, et lève ses yeux vers l'ange qui descend du ciel pour arrêter le coup. Au devant de la droite est un groupe de serviteurs qui avoient accompagné Abraham, et dans le fond on voit Sara prenant congé de son fils Isaac prêt à suivre son père. A gauche, sur le devant, est un autre groupe de gens de la suite d'Abraham, et dans le lointain est représenté l'ange du Seigneur qui annonce à Abraham la récompense de Dieu pour son obéissance. Vers la gauche, au pied de la colline où se trouve Abraham, on lit: *Al. Ser.mo S.re il S.r Franc.o M.a della Rouere Duca d'Urb. etc. — Fra le nobiliss.e pitture di chiaro scuro, ch'adornano il marmoreo Pauim.to del Duomo di Siena, v'ha quella del figlio d'Abra.o offerto in sacrificio: inuentione di Dnico Beccafumi pittore Sanese: la qle Andrea Andriano da Mantoua ha ridotto in q.a breue forma: riponendo intorno ad essa tutte le force del suo ingegno: cosi come con tutto l'affetto del cuore la dona, e dedica al chiariss.o nome di V. A. che per l'egregie sue virtù viverà glorioso, mentre ha-*

vrà vita il mondo. In Siena a di xij di Novembre. M. D. L. xxxvj.

Ce clair-obscur est fait avec trois planches, et consiste en dix pièces jointes ensemble qui forment un très grand morceau dont la largeur est de 63 pouces, sur une hauteur de 27 pouces, 6 lignes.

Le second compartiment du pavé.

Moïse brisant les tables de la loi. On voit au milieu du fond Moïse recevant de Dieu les tables de la loi, et au devant, le même législateur élevant au-dessus de sa tête ces tables de la loi pour les jetter à terre. Le côté gauche offre, dans le fond, Abraham interdisant au peuple de monter la montagne de Sinaï, et au devant, les Israëlites rassemblant leurs bijouteries d'or pour en faire le veau d'or. Le côté droit présente, au devant, les Israëlites adorant le veau d'or, et dans le fond, les enfans de Lévi tuant vingt trois mille Israëlites.

Taille de bois d'une seule planche. Le sujet est représente sur douze pièces jointes ensemble, qui forment un grand morceau dont la largeur est de 68 pouces, sur une hauteur de 46.

5. *Le songe de Jacob. D'après Raphaël d'Urbin.*

Jacob voyant en songe l'échelle misterieuse. Jacob est couché à terre, la tête vers le côté gauche de l'estampe, les jambes vers la droite. L'échelle paroît au milieu, et la lune à la gauche d'en haut. Les lettres R. A. V. (Raphaël Vrbinas) sont exprimées en blanc à la droite d'en bas. Clair-obscur de trois planches, gravé par Hugues de Carpi.

Largeur : 10 pouces. Hauteur : 8 pouces.

6. *Pharaon submergé. D'après le Titien.*

Pharaon submergé au passage de la mer rouge. On remarque sur le devant à gauche, Moïse ordonnant aux ondes d'engloutir l'armée de l'ennemi des Israëlites. Au milieu d'en bas, sur une banderole, est écrit : *Titian inventor.* [monogramme] *Intagliator Mantouano. Al. S. Fabio Bon signori Gentilhuomo Sanese dedica l'anno* 1589. *Siena.* Clair-obscur de deux planches. Grand morceau de quatre pièces jointes en largeur.

Largeur : 42 pouces. Hauteur : 23 pouces.

7. *David coupant la tête à Goliath.*

Le géant est terrassé et renversé sur le visage. On voit sous lui son casque et sa lance. Près de lui, David debout, porte un coup avec son sabre qu'il tient de la main gauche. On remarque dans le fond, au delà d'une colline, les Israëlites et les tentes de leur camp. Clair-obscur de deux planches gravé par un anonyme d'après un maître inconnu qui semble être Italien.

Hauteur: 11 p. 2 lig. Largeur: 7 p. 5 lig.

8. *David coupant la tête à Goliath. D'après Raphaël d'Urbin.*

David et Goliath occupent le milieu de l'estampe. Vers le fond à gauche les Israëlites sont à la poursuite des Philistins qui s'enfuient vers la droite. Au devant de ce même côté on en remarque un qui court tout effrayé. Clair-obscur de trois planches, gravé par Hugues de Carpi d'après un dessein de Raphaël, qui avoit déjà été gravé par Marc-Antoine, et qui est peint dans les loges du Vatican. On lit au milieu d'en bas: RAPHAEL VRBINAS. P. VGO. DA CARPI. Ces mots sont exprimés en blanc.

Pièce très rare. C'est une de celles citées par Vasari.

Largeur : 14 p. 3 lig. Hauteur : 9 p. 8 lig.

On a de ce morceau trois épreuves.

La première est avant les noms de Raphaël et de Hugues de Carpi.

La seconde est avec ces noms.

La troisieme porte le nom de Raphaël, mais celui de Hugues de Carpi est effacé.

9. *Le jeune Tobie. D'après Raphaël da Reggio.*

L'Ange Raphaël conduisant le jeune Tobie dans ses voyages. Leurs pas sont dirigés vers la droite. Clair-obscur de deux planches, gravé par un anonyme d'après l'invention de Raphaël da Reggio. Ce même morceau existe aussi gravé au burin par Augustin Carrache.

Hauteur : 16 pouces. Largeur : 10 p. 8 lig.

II. SUJETS
DU NOUVEAU TESTAMENT.

1. *La Nativité.*

Les bergers adorant l'enfant Jésus nouvellement né. La Vierge à genoux au milieu de l'estampe, montre l'enfant aux bergers qui arrivent des deux côtés, et dont l'un, agenouillé à gauche, lui baise les pieds. St. Joseph est assis vers la droite, où l'on remarque un berger qui ôte son chapeau, et qui est suivi d'un jeune garçon conduisant un grand chien en lesse. Clair-obscur de quatre planches gravé par un anonyme d'une manière lourde, d'après un maître pareillement anonyme et de peu de mérite. Grand morceau de trois pièces jointes en largeur.

Largeur : 36 pouces. Hauteur : 17 p. 3 lig.

2. *L'adoration des Mages. D'après le Parmesan.*

La Vierge est assise à gauche, ayant sur ses genoux l'enfant Jésus, duquel un des Mages s'approche en rampant par terre. Le second Mage, au delà du premier, embrasse St. Joseph; le troisième prend d'entre les mains d'un de ses valets qui est à genoux au devant de la droite, un vase pour le présenter au petit sauveur. On voit dans le fond de ce même côté les gens de la suite des Mages et un chameau. Vers le bas de la gauche, sur le siége de la Vierge, sont les lettres F. P. (C'est à dire: *Franciscus Parmensis*) Clair-obscur de trois planches, gravé vraisemblablement par Nicolas de Vicence.

Largeur: 8 p. 10 lig. Hauteur: 6 p. 1 lig.

On a deux épreuves différentes de ce morceau.

La première est celle que l'on vient de détailler.

La seconde est sans les lettres F.P. André Andreani les a ôtées et remplacées par son chiffre et l'année MDCV.

3. *L'adoration des Mages. D'après le Parmesan.*

La Vierge est assise à terre à la droite de l'estampe. Elle a sur son giron l'enfant Jésus qui retourne sa tête vers les Mages qui, à genoux à gauche, lui offrent des présens. St. Joseph est au milieu, au delà des Mages. Le fond offre, à droite une colonne, contre laquelle le toit de l'étable est pratiqué, et à gauche les gens de la suite des Mages, ainsi que plusieurs chevaux et chameaux. A la droite d'en bas sont les lettres F. P. exprimées en noir. Clair-obscur de trois planches, gravé, à ce que l'on croit, par Joseph Nicolas de Vicence.

Hauteur: 12 p. 8 lig. Largeur: 9 p. 3 lig.

4. *L'adoration des Mages. D'après Luvini.*

Les Mages adorant Jésus Christ entre les bras de la Ste. Vierge, et lui offrant des présens. Trois anges voltigent en l'air à la droite d'en haut. On lit au milieu d'en bas: LVVIN. INV. Clair-obscur de trois planches gravé, à ce que l'on présume, par André Andreani.

Hauteur: 14 p. 2 lig. Largeur: 10 p. 3 lig.

5. *L'adoration des Mages. D'après Raphaël da Reggio.*

Les Mages adorant l'enfant Jésus. On voit la Vierge avec l'enfant Jésus dans le fond à gauche. Au devant de la droite, se fait remarquer un homme nud, conduisant un cheval. Au milieu d'en bas on lit: RAPHAEL. REG. INVENT. Clair-obscur de trois planches gravé par un anonyme.

Hauteur: 16 pouces. Largeur: 12 p. 6 lig.

On a de ce morceau deux épreuves.

Première épreuve. Les clairs y sont en masses larges.

Seconde épreuve. Il n'y a de conservé que la planche aux traits, les deux autres planches sont remplacées par de nouvelles qui offrent d'autres ombres et d'autres clairs. On remarque par exemple dans cette seconde épreuve, au-dessus du bras du roi qui est debout vers le milieu du fond, beaucoup de traits blancs dont il ne s'en trouve pas un seul dans la première épreuve.

6. *La présentation au temple. D'après Joseph Salviati.*

La Ste. Vierge présentant au temple l'enfant Jésus. Siméon se voit au milieu de l'estampe, au delà d'un autel. La Vierge tenant l'enfant Jésus, est à sa droite. Plusieurs autres femmes sont aux deux côtés. On remarque sur le devant à droite une femme précédée d'un jeune garçon qui porte un panier rempli de pigeons. Au devant de la gauche sont deux hommes vus seulement à mi-corps. Clair-obscur de quatre planches, gravé par un anonyme.

Hauteur : 15 pouces. Largeur: 11 pouces.

On a de ce morceau deux épreuves différentes.

Première épreuve. Sans toute marque.

Seconde épreuve. On y lit en bas, au milieu: DEL SALVIATI, et à droite: [monogramme] *in mantoua.* 1608; le dernier chiffre est mal exprimé.

Mariette fait à l'occasion de ce morceau l'observation suivante: Salviati est un des Peintres de l'Italie qui a le plus étudié la manière du Parmesan, il a même fait plusieurs ouvrages où l'on s'apperçoit aisément du soin qu'il prenoit à l'imiter. Celui-ci en est un, et l'on pourroit cependant lui reprocher d'en avoir pris la disposition générale dans une estampe qui avoit été gravée précédemment sur une légère pensée du Parmesan. — Mariette a en vue une estampe de Meldolla qui représente avec peu de changemens le même sujet. Il est possible qu'Andreani ait attribué à Salviati un dessein qui étoit peut-être du Parmesan lui-même.

7. *Le massacre des Innocens. D'après Raphaël.*

Grande composition de beaucoup de figures. On remarque au milieu du devant une mère assise, pleurant, les mains jointes, son enfant couché dans son giron. A droite, un bourreau se baisse pour poignarder un enfant terrassé, sur la tête duquel il s'appuye de la main gauche. Clair-obscur de trois planches. On lit au milieu d'en bas: RAPH. VRB. INVEN. exprimé en noir par la planche des contours. A droite, sur une pierre carrée, est gravé le monogramme du graveur et l'année: NDB. 1544. La pierre est exprimée par la planche des demi-teintes et par celle des ombres. Le monogramme est en blanc, l'année est exprimée par la demi-teinte et menagée dans la planche des ombres.

Largeur: 19 p. 5 lig. Hauteur: 10 p. 8 lig.

On trouve quelque fois des épreuves de ce morceau, imprimées d'une seule planche, savoir de celle qui offre les contours. Dans ces épreuves la pierre avec le chiffre du graveur et l'année manquent absolument, de même il y manque aussi le nom de RAPH. VRB. INVEN. qu'on a ôté de la planche, la quelle suivant toutes les apparences a beaucoup souffert, les contours s'y trouvant interrompus en plusieurs endroits.

Heineke qui décrit ce Clair-obscur (Nachrichten etc. T. II. p. 390) n'a pas remarqué le monogramme. Il a raison, en ne pas se joignant à l'avis de *Florent le Comte* qui attribue ce morceau ou à Hugues de Carpi ou à Mantegna, mais il a tort en croyant qu'on pourroit l'attribuer à Nicolas de Vicence.

8. *Le massacre des Innocens. D'après Raphaël.*

Ce Clair-obscur de trois planches offre le même sujet que l'on admire dans la superbe estampe gravée par Marc-Antoine. Il est parfait dans son genre et excessivement rare. Il manque dans beaucoup de collections les plus riches. C'est Hugues de Carpi qui la gravé. Sur un piédestal, à mi-hauteur du côté gauche de l'estampe, on lit: RAPH AEL VRBI HVGO menagé en blanc.

Largeur: 15 p. 6 lig. Hauteur: 10 pouces.

9. *La fuite en Egypte. D'après Raphaël.*

St. Joseph vu presque par le dos, tenant une calebasse de la main gauche, et ménant de la droite par le licou l'âne sur lequel la Vierge est assise. Elle soutient de son bras gauche l'enfant Jésus qui tend ses deux mains pour cueillir les fruits de deux dattiers que deux anges s'efforcent de courber. La marche se fait sur un petit pont, et se dirige vers la gauche. Clair-obscur de deux planches, gravé par un anonyme. Le dessein en est assez médiocre.

Hauteur: 11 p. 5 lig. Largeur: 8 p. 1 lig.

10. *Repos en Egypte. D'après Antoine Campi de Crémone.*

La Vierge assise au milieu de l'estampe,

a sur ses genoux l'enfant Jésus qui tend ses deux mains pour recevoir les fruits que plusieurs anges sont occupés à cueillir, et à lui présenter. La Vierge tend sa main droite vers les fruits que S. Joseph, vu à gauche, lui apporte dans le pan de son manteau. Un âne debout à droite, vers le fond, lève sa tête pour manger les fruits d'un dattier. La croupe d'un autre âne, qui est couché, se voit sur le devant à droite. A la gauche d'en bas on lit: ANTONIVS CREMONENSIS, 1547. exprimé en blanc. Clair-obscur de trois planches gravé par un anonyme.

Hauteur et Largeur : 8 p. 6 lignes.

11. *Repos en Egypte. D'après le Barroche.*

La Ste. Vierge assise au bord d'une fontaine où elle puise de l'eau, pendant que l'enfant Jésus qui est assis à ses côtés, reçoit des fruits que lui cueille S. Joseph. L'âne se voit dans le fond à gauche. Au bas de ce même côté sont les lettres F. B. V. I. C'est-à-dire: *Franciscus Barocci Vrbinas Inuenit.* Ces lettres sont exprimées par la demi-teinte sur un fond blanc. Clair-obscur de deux planches, gravé par un anonyme. Ce même sujet a été aussi gravé par C. Cort.

Hauteur: 13 pouces. Largeur: 10 p. 4 lig.

12. *Marthe et Madelaine allant au temple. D'après Raphaël.*

Marthe conduisant Marie Madelaine au temple pour y entendre la parole de Jésus Christ. Les deux soeurs se voient à gauche, montant un escalier, Jésus est assis à droite, entre deux colonnes. Clair-obscur de deux planches gravé par un anonyme d'après un dessein de Raphaël qui a été aussi gravé par Marc-Antoine. Au milieu d'en bas est exprimé en blanc la lettre M qui, suivant toute apparence, désigne le graveur, et qui est peut-être *George Matheus* dont nous avons fait mention page 426 du IX Vol. du Peintre-Graveur.

Largeur: 13 pouces. Hauteur: 9 pouces.

13. *La pêche miraculeuse. D'après Raphaël.*

Les Apôtres faisant une pêche aussi abondante que miraculeuse. On voit deux barques, l'une à gauche où deux des Apôtres retirent les filets ; l'autre à droite, où St. Pierre se jette aux pieds de Jésus Christ, et le reconnoît pour son divin maître. Clair obscur de trois planches, fait par Hugues de Carpi d'après un dessein de Raphaël qui a été exécuté en tapisserie.

Largeur : 12 p. 10 lig. Hauteur : 8 p. 6 lig.

On a de ce morceau deux épreuves.

Première épreuve. Avant toute inscription, et avant l'horizon blanc.

Seconde épreuve. Elle est de l'impression d'André Andreani qui y a ajouté un horizon blanc, et qui y a mis à la gauche d'en bas cette inscription RAPHEL VRB. INVEN. *In mantoua.* 1609.

14. *Jésus Christ guérissant un paralytique. D'après le Parmesan.*

Jésus Christ guérissant un paralytique de trente huit ans près de la piscine probatique. On le voit au devant de la gauche parlant au malade, et lui disant : levez vous, emportez votre lit, et marchez. A droite, plusieurs Juifs marchent vers le temple qui occupe toute la largeur du fond de l'estampe. Au milieu d'en haut, plane en l'air l'ange du Seigneur, envoyé pour remuer de temps en temps l'eau de la piscine. Clair-obscur de quatre planches, gravé par un anonyme.

Hauteur : 9 p. 11 lig. Largeur : 7 p. 6 lig.

15. *Jésus Christ guérissant les lépreux. D'après le Parmesan.*

Jésus Christ suivi de ses disciples, dirige ses pas vers la droite. Il retourne sa tête vers une foule de lépreux qui le prient à genoux et les mains élevées, de les guérir. Clair-obscur de trois planches. C'est un des plus parfaits qui aient été exécutés sur les desseins du Parmesan. On lit au bas de la droite: IOSEPH. NICOLAVS VICENTINI. [monogramme] exprimé en blanc.

Largeur : 15 p. 3 lig. Hauteur : 11 pouces.

On a de ce morceau deux épreuves différentes.

Première épreuve. C'est celle que l'on vient de détailler.

Seconde épreuve. On y lit à la droite d'en bas. [monogramme] *in mantoua.* 1608.

16. *L'Entrée de Jésus Christ à Jérusalem. D'après Moncalvo.*

Jésus Christ monté sur un âne, dirige

sa marche vers la gauche, où l'on voit une des portes de la ville de Jérusalem. Il est suivi d'un peuple nombreux, parmi lequel on remarque sur le devant à droite une femme à genoux, ayant auprès d'elle un enfant. Au milieu d'en bas on lit: 1600 *in Moncaluo*. Clair-obscur de deux planches, gravé d'après un dessein fait par *Guillaume Caccia*, dit *Moncalvo*.

Largeur: 7. pouces. Hauteur: 6 pouces.

17. *Jésus Christ à table chez Simon le Pharisien. D'après Raphaël.*

La Madelaine répandant un parfum précieux sur les pieds de Jésus Christ chez Simon le Pharisien. Jésus est assis à droite. Au bas de ce même côté on lit: RAPHEL VRB. INVEN. [monogramme] *In mantoua* 1609. Clair-obscur de trois planches, gravé par Hugues de Carpi, et mis depuis au jour par André Andreani, d'après un dessein de Raphaël dont il existe une estampe à peu près semblable gravée par *Marc-Antoine*.

Largeur: 13 p. 6 lig. Hauteur: 9 pouces.

Il y a toute apparence qu'il existe de ce morceau des premières épreuves avant le nom d'*André Andreani*, mais nous n'en avons jamais vue aucune.

18. *Jésus Christ à table chez Simon le Pharisien. D'après Raphaël.*

Ce morceau paroît avoir été gravé d'après le précédent dont il ne diffère que par les clairs qui sont trop multipliés, tranchans et mesquins. Clair-obscur de trois planches, gravé par *Alexandre Ghandinj*. A droite, au bas de la chaise, sur laquelle Jésus est assis, on lit: *Taglio d'Alex^{ro} Ghandinj*, écrit en lettres italiques menagées en blanc.

Largeur: 14 pouces. Hauteur: 9 pouces.

19. *Pilate. D'après Jean de Bologne.*

Pilate se lavant les mains, comme étant innocent de la mort de Jésus Christ qu'il livre aux Juifs pour le crucifier. Grand morceau de deux feuilles jointes en largeur. Celle à gauche offre Pilate, l'autre, à droite, les Juifs emmenant le Christ. Sur le devant de la droite, un guerrier soutient un bouclier où on lit: *Gianbologna scolp. Andre Andreano lo'ntagliatore a Giouambatista Deti Gentil'huomo Fiorentino.* Sur la marche du tribunal de Pilate, l'année MDLXXXV est exprimée par des lettres gothiques, dont on trouve la forme dans l'ouvrage de Papillon. T. I, p. 403. Clair-obscur de quatre planches.

Largeur: 23 p. 9 lig. Hauteur: 16 p. 2 lig.

20. *Le couronnement d'épines. D'après Lucas Cambiasi.*

Jésus Christ est assis à droite, reposant sa tête sur la main droite. Derrière lui un bourreau debout met sa main gauche sur l'épaule du Christ, et de l'autre il prend la couronne d'épines qu'un second bourreau, debout à gauche et vu presque par le dos, lui présente. Un troisième Juif est debout au milieu. Clair-obscur de trois planches offrant une esquisse extrêmement légère, faite avec des traits grossiers et entrecoupés qui décèlent la manière de Lucas Cambiasi.

Hauteur: 9 p. 6 lignes? Largeur: 8 p. 6 lignes?

21. *Le portement de croix; d'après Alexandre Cassolano.*

Jésus Christ succombant sous le fardeau de la croix. On remarque sur le devant à gauche deux saintes femmes prêtant du secours à la Vierge évanouie. Dans la marge d'en bas on lit : $\mathfrak{A}^{I}$ *All. Sig. Fabio Buonsignori Nobile Senese. Andrea Andreani intagliatore in Siena.* 1591. Clair-obscur de trois planches.

Hauteur : 11 p. 6 lig. Largeur : 8 p. 6 lig.

22. *Descente de croix. D'après Raphaël.*

Ce morceau a été fait en contre-partie de l'estampe connue, gravée par Marc Antoine. Joseph d'Arimathée détache la main gauche du Sauveur. Clair-obscur de trois planches, gravé par Hugues de Carpi d'après Raphaël Dans une marge d'en bas on lit : RAPHAEL . VRBINAS ✝. A la droite d'en bas, une tablette offre le nom de VGO DA CARPI. Ces noms sont exprimés en blanc.

Hauteur : 13 pouces. La marge d'en bas : 5 lignes. Largeur : 10 p. 4 lig.

23. *Descente de croix ; d'après Marc Pino de Sienne.*

Le corps mort de Jésus Christ soutenu à gauche par deux anges, à droite par une sainte femme qui est à genoux et vue par le dos, et au milieu par la sainte Vierge qui est debout au pied de la croix, et fait signe vers le ciel ouvert. On remarque dans le fond à droite Marie Madelaine qui exprime ses douleurs. Clair-obscur de quatre planches, gravé par Jean Gallus d'après un dessein de Marc Pino de Sienne. On lit ces deux noms dans une marge d'en bas: *Marcus Senensis inuen. Joannes Gallus incid.* Cette marge cependant se trouve rarement, elle est coupée dans la plus grande partie des épreuves.

Hauteur: 15 p. 7 lig. La marge d'en bas: 8 lig.
Largeur: 10 p. 5 lig.

24. *Jésus Christ mis au tombeau. D'après Raphaël Motta de Reggio.*

La Vierge tombant évanouie à la vue du corps mort de Jésus Christ, que les disciples mettent dans le tombeau. Clair-obscur de quatre planches, gravé par André Andreani d'après Raphaël da Reggio. On lit vers le bas de la gauche: *Raff. da Reggio Inuent. Andrea Andreani Mant. Intagliatore: All'Illmo. et Eccmo. sigr. Don Giovanni Medici.* 1585.

Hauteur: 15 p. 3 lig. Largeur: 12 pouces.

25. *Jésus Christ mis au tombeau. D'après Joseph Scolari.*

Les disciples mettant Jésus Christ dans le tombeau. L'un d'eux, vu par le dos, à la gauche de l'estampe, le porte par les cuisses, et l'autre, à droite, par les aisselles. Un troisième disciple et deux Maries se voient dans le fond à gauche. Clair-obscur de quatre planches, gravé par André Andreani d'après Joseph Scolari. On lit à la droite d'en bas : *Giusepe Scolari Vesentino pittore Ecelente Inuent.* *In Mantoua.*

Hauteur : 25 pouces. Largeur : 16 pouces.

26. *La résurrection. D'après Raphaël d'Urbin.*

Jésus sortant de son tombeau occupe le milieu de la planche. A gauche est un groupe de soldats qui s'éveillent et s'enfuient. A droite, on voit les trois Maries qui vont voir le St. sépulcre. Clair-obscur de trois planches, gravé par Hugues de Carpi d'après un des desseins de Raphaël qui ont été peints en camayeux dans les loges du Vatican.

Largeur : 14 p. 3 lig. Hauteur : 5 p. 3 lig.

27. *Ananie tombant mort. D'après Raphaël d'Urbin.*

Les Apôtres frappant de mort Ananie, pour le punir d'avoir osé mentir contre le St. Esprit. Clair-obscur de trois planches, gravé à Rome par Hugues de Carpi en 1518, d'après une des tapisseries qui ont été exécutées sur les cartons de Raphaël.

Largeur : 14 pouces. Hauteur : 9 pouces.

On a de ce morceau trois épreuves différentes.

Première épreuve. On y lit dans la marge d'en bas :

RAPHAEL. VRBINAS.

QVISQVIS. HAS. TABELLAS. INVITO. AVTORE. IMPRIMET. EX. DIVI. LEONIS. X. AC. ILL. PRINCIPIS. ET. SENATVS. VENETIARVM. DECRETIS. EXCOMVNICATIONIS. SENTENTIAM. ET. ALIAS. PENAS. INCVRRET.

ROME. APVD. VGVM. DE. CARPI. IMPRESSAM. M. D. XVIII.

Il est très rare de trouver des épreuves avec cette inscription ; car on l'a ordinairement coupée. La hauteur de cette marge est d'un pouce.

Seconde épreuve. On y lit:

RAPHAEL. VRBINAS.
PER. VGO. DA. CARPO.

Cette inscription est menagée en blanc sur la marche supérieure de l'estrade où se trouve St. Paul.

Troisième épreuve. Les clairs ne sont plus exprimés par des hachures, mais par de grosses taches; et l'inscription ne s'y voit point exprimée.

28. *Tête de Christ.*

Une tête de Christ de grandeur presque naturelle. Il est vu de face et penché un peu vers la gauche. Ses cheveux sont flottans. Trois parties de rayons sortent de sa tête, l'une d'en haut, les deux autres des deux côtés, à la hauteur des oreilles. Clair-obscur de trois planches. Au haut de la droite est la marque NB exprimée en blanc.

Hauteur: 12 p. 9 lig. Largeur: 9 p. 2 lig.

29. *Hérodiade. D'après le Guide.*

Hérodiade et une de ses femmes portant dans un plat la tête de St. Jean. Elles se dirigent vers la gauche, et ne sont vues qu'à mi-corps. En haut, à droite, est un écusson d'armes coupé, aux trois griffes d'aigle ailées surmontées de la croisette, à gauche une tablette avec cette inscription: GVIDO RHENVS BON. IN. BART. COR. EQVES. F. En bas est écrit: 1631. *Corio. f.* Clair-obscur de trois planches, gravé par Bartholomée Coriolan d'après le Guide. On a de ce morceau trois différentes épreuves.

Première épreuve. Celle que l'on vient de détailler.

Seconde épreuve. A deux planches. Celle avec les rehauts y manque.

Troisième épreuve. Avec l'année 1631 et le mot *Corio. f.* Mais sans l'écusson d'armes, et sans la tablette qui porte l'inscription. Ces deux marques ont été ôtées de la planche des demi-teintes où elles se trouvoient.

III. SUJETS DE VIERGES.

1. *La naissance de la Vierge. D'après Jules Romain.*

Sainte Anne au lit vers le fond de la gauche, embrasse une femme qui se penche vers elle, et derrière laquelle on remarque une fille qui porte sur la tète un panier rempli de volaille. Au milieu du devant, deux femmes sont occupées à laver la petite Vierge nouvellement née dans une cuve. Une troisième femme, vue par le dos et assise sur une chaise au devant de la droite, tient un drap pour le sécher au feu. Au delà de cette femme, on en voit une autre qui est debout, ainsi que St. Joachim qui tient les mains jointes et élevées. A gauche, sur le pan du lit, est écrit en noir : IVLIVS. R. INVENTOR. Clair-obscur de deux planches supérieurement dessiné et gravé, suivant toute apparence, par Hugues de Carpi.

Largeur: 13 p. 10 lig. Hauteur: 12 p. 10 lig.

2. *La présentation de la Ste. Vierge au temple. D'après Jules Romain.*

La jeune Vierge monte l'escalier du temple, à la porte duquel, au milieu de l'estampe, est le grand-prêtre qui semble aller au devant d'elle. Il est suivi de deux diacres. Un troisième diacre, vers la gauche, tient un bénitier; un quatrième, à droite, allume les cierges du candélabre à sept bras. St. Joachim, Ste. Anne et une autre femme, au devant de la droite, suivent la jeune Vierge. Au bas de l'escalier, un pauvre estropié demande l'aumône à deux hommes qui sont debout à gauche, et qui causent ensemble. Au delà d'eux, une femme, accompagnée d'un jeune garçon, fait un geste vers la jeune Vierge. Clair-obscur de deux planches, gravé dans le même goût que le précédent et par le même. Il est incontestablement d'après un dessein de Jules Romain, quoique le nom de ce maître n'y soit point marqué.

Même dimension.

3. *Buste de la Vierge. D'après le Guide.*

La Vierge est vue presque de face et dirigée un peu vers la droite. Clair-obscur de deux planches, gravé par Barthélemy Coriolan d'après un dessein du Guide. Le sujet est renfermé dans un ovale placé dans un carré. Sans marque, ni nom.

Diamètre de la hauteur de l'ovale : 4 p. 7 lig. Celui de la largeur : 3 p. 8 lig. Hauteur du carré : 5 p. 5 lig. Largeur : 4 p. 3 lig.

Les épreuves de ce morceau sont tirées les unes sur papier blanc, les autres sur papier bleuâtre.

4. *La Vierge dans un ovale.*

La Vierge assise sur un siége sculpté, serrant l'enfant Jésus qu'elle a sur ses bras, et dont le pied gauche est élevé. La Vierge a un coussin sur ses genoux. Dans une niche de forme ovale dont le diamètre a 4 pouces, 5 lignes de hauteur, sur 3 p. 1 lig. de largeur. Clair obscur de trois planches, gravé par un anonyme, à ce qu'il semble, d'après le *Parmesan*.

Hauteur : 4 p. 6 lig. Largeur : 3 p. 5 lig.

On a de ce morceau des épreuves faites seulement de deux planches. Celle qui exprime les demi-teintes et les rehauts, y manque.

5. *La Vierge avec l'enfant Jésus. D'après le Guide.*

La Vierge vue jusqu'aux genoux, tient entre ses bras l'enfant Jésus endormi sur son sein. La tète de la Vierge est penchée vers la droite de l'estampe. A mi-hauteur de la planche est gravé : G. R. In. B. Cor. EQ. F. Dans un ovale, en hauteur. Clair-obscur de trois planches.

Diamètre de la hauteur : 6 p. 7 lig. Celui de la largeur : 5 p. 5 lig.

L'ovale est en outre entouré d'un bord carré de 7 pouces de hauteur, sur 5 pouces 7 lignes de largeur.

On a de ce morceau trois différentes épreuves.

Première épreuve. A trois planches. Il y en a d'imprimées sur du papier blanc, d'autres sur du papier bleuâtre.

Seconde épreuve. A deux planches seulement. La planche aux rehauts y est omise. Ces épreuves sont presque généralement tirées sur papier bleuâtre.

Troisième épreuve. Pareillement à deux planches. Le bord carré a 5 lignes de plus de hauteur. En bas, dans l'espace entre l'ovale et le carré, on lit au milieu:

JESUS MARIA, à gauche: *Bart. Coriolalanus Fecit*, à droite: BONONIAE 1630. Ces inscriptions sont imprimées avec des lettres mobiles.

6. *La Vierge avec l'enfant Jésus. D'après le Guide.*

Ce même dessein exécuté une seconde fois en clair-obscur de trois planches, mais en contre-partie. On lit à gauche, à mi-hauteur de la planche. *G. R. In. Cor. F.* Les quatre coins laissés vuides dans la pièce précédente, sont remplis, dans cette seconde pièce, de roses, et en bas est une banderole marquée au milieu: IESVS MARIA, à gauche: G. RHENVS BON. IN., et à droite: B. CORIOL. EQ. SCVLP.

Diamètre de l'ovale. Hauteur: 6 p. 5 lig. Largeur: 5 p. 3 lig. Cadre carré. Hauteur: 7 p. 5 lig. Largeur: 5 p. 7 lig.

On a de ce morceau des épreuves imprimées les unes sur papier blanc, les autres sur papier bleuâtre.

7. *Répétition de la pièce précédente.*

Ce même morceau gravé une seconde fois, avec quelques petits changemens dans les drapperies de la Vierge. Clair-obscur de trois planches. On lit à gauche, à mi-hauteur de la planche: GR. In-B. Cor. F. Remarquez, que le nom COR. est précédé de la lettre B, et que la lettre F est placée sous le C du mot COR, tandisque, dans la pièce précédente, la lettre B n'accompagne pas le nom COR, et que la lettre F suit le mort COR, savoir ainsi: COR F. Les roses y manquent, et les mots IESUS MARIA se trouvent au milieu d'en bas, dans un cartouche de forme ovale.

Mêmes dimensions.

8. *La Sainte Vierge.*

La Vierge est assise et tournée vers la gauche. Elle met ses deux mains sur le dos de l'enfant qu'elle a sur les genoux, et qui porte la main droite sur le sein de sa mère. Clair-obscur de trois planches, gravé par un anonyme d'après un maître qui pourroit bien être André del Sarto. Sans marque.

Hauteur: 8 pouces. Largeur: 6 pouces.

9. *La Sainte Vierge. D'après André del Sarto.*

La Vierge vue presque par le dos, et

assise sur une espèce de banc, ayant devant elle l'enfant Jésus qui est agenouillé, et qui s'accroche de ses deux mains au bras gauche de sa mère. Clair-obscur de trois planches, marqué à gauche, en bas *Andrea del Sarto Inv.* et en haut *Douet f.* C'est le nom du graveur en bois, mais que l'on ne connoît que par cette seule pièce.

Hauteur: 8 p. 7 lig. Largeur: 6 p. 2 lig.

On a de ce morceau des épreuves posterieures où le nom de *Douet f.* n'est point exprimé.

10. *L'effigie de S. Marie du Paradis.*

La Vierge ayant sur ses bras l'enfant Jésus. Elle est assise sur une pierre carrée qui est à droite, et qui est ornée d'un écusson d'armes. En bas, on lit: *Effigies B. Mariae Paradisi. In Eccl. D. Thomae Bonon. prope Mercatum depictae. Illustriss. D. D. Paridi Mariae Grassio et Constantiae Balionae Vxori eius meritissimae. Bart. Coriolan. Eq. Sculp. ac. Dic.* Cette inscription est imprimée avec des lettres mobiles. Au dessous de l'écusson d'armes l'année 1636 est exprimée en blanc. Ce Sujet est renfermé dans un ovale dont le diamètre a

9 pouces de hauteur, sur 6 pouces, 10 lig. de largeur. L'ovale est dans un carré dont les quatres angles sont ornés d'un aigle à ailes déployés. Clair-obscur de trois planches, gravé d'après un tableau d'un maître anonyme.

Le carré a la même dimension que l'ovale.

11. *La Sainte Vierge. D'après François Vanni.*

La Sainte Vierge est représentée à mi-corps, adorant, les deux mains jointes et élevées, l'enfant Jésus qui dort couché devant elle, vers la droite de l'estampe. Clair-obscur de deux planches, gravé par un anonyme d'après François Vanni qui a aussi gravé ce sujet lui même à l'eau-forte sur une petite planche.

Hauteur: 9 p. 8 lig. Largeur: 7 p. 9 lig.

12. *La Sainte Vierge. D'après le Parmesan.*

La Vierge ayant sur ses bras l'enfant Jésus. Elle est assise, vue de profil et tournée vers la droite. Elle tient des fleurs de la main droite, et de l'index de la main gauche elle montre le petit S. Jean qui dort la tête appuyée sur ses deux bras croisés. Ce sujet est renfermé dans une forme ovale, et celui-ci dans un carré. Clair-obscur de deux planches, gravé par un anonyme.

Diamètre de l'ovale. Largeur: 8 p. 7 lig. Hauteur: 6 p. 6 lig.

Le Carré a 8 p. 10 lig. de largeur, sur 7 p. 1 ligne de hauteur. *)

13. *La Sainte Vierge. D'après Alexandre Casolano.*

Elle est représentée à mi-corps, regardant l'enfant Jésus qu'elle tient entre ses bras et qui prie les mains jointes. On remarque le petit S. Jean dans le fond à gauche. Clair-obscur de trois planches, gravé par André Andreani d'après Alexandre Casolano. Dans une marge d'en bas est écrit: [monogramme] *All sig. Panfilo Beringucci Nobile Senese. Andrea Andreani Intagliatore in Siena* 1591.

Hauteur: 11 pouces. Largeur: 7 p. 6 lig.

*) On a de ce morceau une seconde épreuve tirée de la planche après qu'elle a été rompue et refaite. On remarque la rupture à droite où elle traverse la tête et la main du petit St. Jean.

14. *Sainte famille. D'après Antoine Campi de Crémone.*

La Vierge assise regardant l'enfant Jésus qu'elle a sur ses genoux. A droite est St. Joseph debout. Clair-obscur de trois planches, gravé par un anonyme d'après Antoine de Crémone. En bas les mots: ANTONIVS CREMONENSIS. I. V. sont exprimés en blanc, et à la gauche d'en haut est l'année 1550. Ces chiffres sont rangés l'un au-dessus de l'autre.

Hauteur: 5 p. 7 lig. Largeur: 4 p. 2 lig.

15. *Sainte famille. D'après Marc Pino de Sienne.*

La Vierge assise au milieu, tient sur ses genoux l'enfant Jésus qui donne la bénédiction au petit S. Jean. Vers le fond à droite, St. Joseph dort appuyé contre le piédestal d'une colonne. Un ange descendant du ciel, est en l'air au milieu d'en haut. Le fond offre la vue d'un pont et de quelques maisons. Clair-obscur de quatre planches, gravé par Jean Gallus d'après Marc de Sienne. A la droite d'en bas on lit: *Marcus Senensis inuen. Joannes Gallus incid.* Ces mots sont exprimés en blanc.

Hauteur: 15 p. 5 lig. Largeur: 9 p. 9 lig.

16. *La Sainte famille.*

La Vierge assise à la gauche de l'estampe, ayant auprès d'elle l'enfant Jésus et le petit St. Jean qui se baisent. Elle tient de la main droite l'enfant Jésus, et met l'autre main sur le dos de St. Jean. On remarque dans le fond à droite St. Joseph tenant un bâton qu'il a sur l'épaule. Clair-obscur de deux planches, gravé par un anonyme d'après un dessein qui approche de la manière du maître Roux.

Hauteur: 15 p. 3 lig. Largeur: 10 pouces.

L'épreuve, la seule que nous ayons vue de ce morceau, a été marquée vers le milieu d'en bas, des lettres B°C, mais nous n'avons pas pù nous assurer, si elles étoient gravées ou seulement ajoutées à la plume.

17. *La Sainte famille. D'après le maître Roux.*

La Vierge assise, ayant sur ses genoux l'enfant Jésus qui tend la main droite pour prendre une pomme que St. Joseph à la gauche de l'estampe lui présente. Sainte Elisabeth, vue de profil, est à droite. Les figures qui entrent dans cette composition, ne sont vues que jusqu'aux genoux. Clair-obscur de trois planches, fait d'après un dessein du maître Roux. Vers le bas de la gauche le chiffre du graveur NDB est exprimé en blanc.

Hauteur: 8 p. 8 lig. Largeur: 7 pouces.

On a de ce même dessein une estampe gravée en contre-partie par un anonyme que l'on croit être Dominique del Barbiere.

18. *La Sainte famille. D'après le Corrège.*

La Sainte Vierge à mi-corps, ayant devant elle l'enfant Jésus qui dort couché sur un coussin et la tête appuyé sur le sein de sa mère, ce qui fait remarquer le petit St. Jean que l'on voit à mi-corps sur le devant de la droite. Aux deux côtés de la Vierge est, à gauche Ste. Elisabeth, à droite St. Joseph. Clair-obscur de trois planches, gravé par un anonyme d'après un dessein qui, suivant Mariette, pourroit être de Dosso de Ferrare, et que d'autres attribuent au Corrège.

Hauteur: 14 pouces. Largeur: 9 pouces.

On a deux épreuves de ce morceau.

Première épreuve. Sans nom, et sans le nuage blanc au-dessus de la tête de St.

Joseph, ainsi que sans l'auréole blanche autour de celle de la Vierge.

Seconde épreuve. On y lit à la gauche d'en bas: *Antonio da Correggio.* Ce nom est exprimé avec des lettres d'imprimerie. La planche des demi-teintes est tout à fait différente. Les rehauts y sont rendus par des hachures dures et croisées sans goût, et on remarque une auréole autour de la tête de la Vierge, et un nuage au-dessus de celle de St. Joseph, qui ne se trouvent point sur la première épreuve.

19. *Le mariage de Ste. Catherine. D'après le Corrège.*

La Vierge assise à droite, a sur ses genoux l'enfant Jésus à qui elle conduit la main pour mettre un anneau du doigt de Ste. Catherine qui est à genoux à gauche. Clair-obscur de quatre planches, gravé par un anonyme peu habile d'après un tableau du Corrège.

Hauteur: 14 pouces. Largeur: 10 p. 2 lig.

20. *La Vierge, l'enfant Jésus et S. Jean Baptiste. D'après le Guide.*

La Sainte Vierge tient de la main droite

l'enfant Jésus assis sur deux coussins posés sur une table, et met la main gauche sur l'épaule de St. Jean Baptiste qui s'avance pour recevoir la bénédiction du petit Jésus, et lui baiser le pied. Les figures de la Vierge et de St. Jean ne sont qu'à mi-corps. Clair-obscur de trois planches. On lit vers la gauche d'en bas: G. R. In. B. C. EQ. F. 1647. C'est à dire: *Guido Reni invenit. Bartholomeus Coriolanus eques fecit.* Ce sujet est renfermé dans un ovale. On a de ce même morceau une estampe gravée à l'eau-forte par le Guide même. Voyez notre Catalogue de l'oeuvre du Guide page 11. N°. 7.

Hauteur: 6 p. 6 lig. Largeur: 5 p. 8 lig.

On a de ce morceau deux épreuves différentes.

Première épreuve. A trois planches.

Seconde épreuve. A deux planches, imprimées sur du papier bleuâtre.

Il y a dans la collection du comte de Fries une épreuve à la seule planche noire, où l'endroit destiné pour les noms du Guide est exprimé en noir, c'est à dire où ces noms ne se trouvent pas encore gravés. Cette épreuve est peut-être unique.

21. *La Vierge entourée de Saints et de Saintes. D'après le Parmesan.*

La Vierge assise considère l'enfant Jésus qui descend du giron de sa mère pour embrasser le petit St. Jean qui est debout à droite, accompagné de son agneau. Vers le fond de ce même côté est St. Jean l'Evangéliste. On remarque à gauche Marie Madelaine et deux autres Saintes femmes. En haut les lettres NDB sont exprimées en blanc. Clair-obscur de trois planches fait d'après le Parmesan.

Hauteur : 8 p. 9 lig. Largeur : 6 p. 8 lig.

On a de ce morceau des épreuves où les lettres NDB ne se trouvent pas. La même pièce a été aussi gravée à l'eau-forte par Léon D'Avin.

22. *La Sainte Vierge accompagnée d'un S. Evêque. D'après A. Casolano.*

La Sainte-Vierge assise, ayant entre ses bras l'enfant Jésus adoré par un saint Evèque que l'on voit en demi-corps vers le fond de la droite. Clair-obscur de trois planches, gravé par André Andreani d'après Alexandre Casolano. On lit dans une marge d'en bas: AL *Pittore Senese Inuen-*

tore. Andrea Mantouano Intagliatore. Al sig. Mutio Pecci Nobile Senese. In Siena. 1591.

Hauteur: 10 p. 6 lig. La marge d'en bas: 1 p. 10 lig. Largeur: 8 pouces.

23. *La Sainte Vierge entourée de différens Saints et Saintes. D'après le Parmesan.*

La Vierge assise au milieu de l'estampe et ayant l'enfant Jésus sur ses genoux, met la main droite sur le dos de Sainte Marguerithe qui est à genoux à gauche, ayant un dragon à ses pieds. Au delà est debout Marie Madelaine et St. Antoine l'Ermite. Au devant de la droite, on voit St. Philippe et un Ange. Clair-obscur de trois planches, gravé par Nicolas de Vicence d'après un dessein du Parmesan. A la droite d'en bas est écrit: F. P. NIC. Vicentino F.

Hauteur: 10 p. 6 lig. Largeur: 8 p. 6 lig.

24. *La Vierge accompagnée de quelques Saints. D'après le Parmesan.*

La Vierge assise au milieu de l'estampe, sur une butte, embrasse une jeune Sainte qui est à genoux à gauche, et qui a entre ses bras l'enfant Jésus. Vers le fond à droite, St. Joseph faisant un geste de la main gauche, parle à un St. Evêque qui adore le petit Jésus les mains jointes et élevées. Ces deux Saints ne se voient qu'à mi-corps. Clair-obscur de deux planches, gravé par un anonyme d'après le Parmesan.

Hauteur: 11 p. 5 lig. Largeur: 8 pouces.

On a de ce morceau deux épreuves.

La première est sans marque.

La seconde porte à la gauche d'en bas la marque *d'André Andreani* exprimée en blanc.

25. *La Vierge entourée de Saints. D'après le Parmesan.*

La Vierge assise sur un trône, soutient l'enfant Jésus qui est debout devant elle, et qui donne la bénédiction à un magistrat qui l'adore à genoux et les mains jointes. Il est présenté au petit Sauveur par un Saint qui est debout. Deux autres Saints sont debout à droite. Au delà du trône de la Vierge se voient quatre Anges. Sur une des marches de ce trône on lit: *Taglio d'Alex.ghandiny* exprimé en blanc. Clair-obscur de trois planches, gravé par Alexandre Ghandini d'après un dessein attribué au Parmesan. Cette pièce a été publiée en 1610 par André Andreani dont la marque est exprimée au milieu d'en bas : IN MANTOVA. MDCX.

Hauteur : 13 p. 5 lig. Largeur : 9 pouces.

26. *La Vierge, S. Sébastien et un S. Evêque. D'après le Barroche.*

La Vierge assise dans une gloire, se voit au milieu du haut de l'estampe. St. Sébastien percé de flèches est à droite. A la gauche d'en bas paroît en demi-corps un St. Evêque, patron d'une église dont il tient le modèle. Clair-obscur de trois planches gravé, à ce qu'il paroît, par Hugues de Carpi.

Hauteur : 14 p. 9 lig. Largeur : 11 p. 3 lig.

On a de ce morceau deux épreuves différentes.

Première épreuve. Sans marque.

Seconde épreuve. Elle est marquée à la droite d'en bas : *in mantoua* 1605, et sur le piédestal, au dessous de la main droite du Saint Evêque, sont gravées en blanc les lettres F B V, c'est à dire *Franc. Barozzio Urbinas.*

27. *La Vierge accompagnée de Saints et de Saintes. D'après Ligozzi.*

La Ste. Vierge soutenant l'enfant Jésus qui se tient debout sur les genoux de sa mère, et à qui le petit S. Jean présente un oiseau. On voit dans le fond à gauche Ste. Catherine de Sienne, et à droite St. François. Clair-obscur de quatre planches, gravé par A. Andreani d'après Jacques Ligozzi. A la gauche d'en haut on lit: Jacopo Ligozio Veronese Pittor del Sereniss. Gran Duca di Tosc. Inuen. Andrea Andriano Mant.º Intagliator.ᵉ All. Ill.º Signor. Nicolo Gaddi in Fiorenza 1585. *)

Hauteur: 15 p. 6 lig. Largeur: 12 p. 4 lig.

28. *La Vierge, Ste. Elisabeth, et le petit St. Jean. D'après del Sarto.*

Ste. Elisabeth assise près du mur délabré d'une chaumière, ayant sur ses ge-

*) Cette pièce est tombée depuis entre les mains d'un nommé *Stacker* qui en a tiré des épreuves très mauvaises. On y a ajouté à la droite d'en haut ces noms: HAINRICH STACKER EXCV. MONACHI. Plus tard encore on en a ôté le morceau de bois qui offroit le nom de Stacker, en laissant un vuide en blanc. Ces dernières épreuves sont encore plus mauvaises.

noux la Vierge qui penche vers le petit St. Jean que l'on voit à gauche, tenant un agneau par les deux oreilles. Clair-obscur de trois planches, gravé par un anoyme d'après *André del Sarto.*

Hauteur: 18 p. 6 lig. Largeur: 13 p. 6 lig.

IV. SAINTS ET SAINTES.

1-12. *Les Apôtres. D'après le Parmesan.*

Suite de douze estampes.

Clair-obscurs de trois planches, gravés, à ce que l'on croit, par Antoine de Trente d'après des desseins du Parmesan. Chacune de ces figures est renfermée dans une double bordure exprimée par deux lignes.

Dimension de la bordure intérieure : Hauteur : 4 p. 6 lig. Largeur : 2 p. 6 à 8 lig.

Celle de la bordure extérieure : Hauteur : 5 p. 4 à 6 lig. Largeur : 3 p. 7 à 9 lignes.

Il y a à remarquer, que les épreuves avec la double bordure sont très rares, on les trouve communément réduites à la bordure intérieure.

1) *St. Pierre.* Il dirige ses pas vers la gauche, et retourne sa tête vers la droite. Il porte les clefs de la main gauche qu'il tient penchée.

2) *St. André.* Il marche vers la droite, soutenant une grande croix en sautoir.

3) *St Jacques le majeur.*

4) *St. Jean.* Il se dirige vers la droite, suivi de son aigle, et tenant un calice de la main gauche.

5) *St. Philippe.* Il est debout et tourné un peu vers la droite. Il tient les deux mains jointes et élevées comme pour prier. On lui voit une petite croix qui s'élève de son bras gauche.

6) *St. Barthélemy.*

7) *St. Matthieu.* Il est vu de profil et marchant vers la droite. Il s'appuye sur une hallebarde qu'il tient de la main droite.

8) *St. Thomas.* Il est vu de profil et dirigeant ses pas vers la droite. Il a les bras croisés, et les mains couvertes de son manteau qui lui descend par devant.

9) *St. Jacques le mineur.*

10) *St. Simon.* Il est vu de profil et tourné vers la gauche. Il tient une scie de la main droite, et a la gauche appuyée sur sa hanche.

11) *St. Judas Thaddée.* Il est vu de face. Il a les bras croisés devant lui.

12) *St. Paul.* Il dirige ses pas vers la droite,

et retourne sa tête vers la gauche. Il porte un glaive de la main droite.

13. *St. Philippe. D'après Beccafumi.* *)

Il est debout et vu de face. Il porte un livre ouvert sur le bras droit, et de l'autre il tient une croix. Clair-obscur de trois planches, gravé par un anonyme d'après Dominique Beecafumi. **)

Hauteur: 15 p. 3 lig. Largeur: 7 p. 10 lig.

14. *St. Pierre. D'après D. Beccafumi.*

Il est debout et tourné vers la gauche. Il tient de la main droite un livre ouvert, et de l'autre deux clefs. Clair-obscur

*) Cette pièce et les deux suivantes Nr. 14 et 15 sont gravées dans un même goût et dans la même grandeur: c'est pourquoi nous croyons, qu'elles font partie d'une Suite plus nombreuse, peut-être de douze; mais nous n'avons jamais vu que ces trois. Vasari (Vie de D. Beccafumi. Page 520) parle de deux Apôtres de cet artiste. Ce sont sans doute deux des trois pièces que nous détaillons ici.

**) Nous avons vu dans le cabinet du Comte de Fries une épreuve imprimée de deux planches seulement, mais l'une et l'autre avec du noir. La planche aux rehauts y étoit omise.

de quatre planches, gravé d'après le même. *)

15. *Un Apôtre. D'après D. Beccafumi.*

Un Apôtre debout et vu de face. Il soutient une tablette du bras droit, et semble relever son manteau de la main gauche. Il a la poitrine et le bras gauche découverts. Clair-obscur de trois planches, gravé d'après le même.

16. *St. Jean adorant l'enfant Jésus. D'après le Baroche.*

St. Jean à genoux à la gauche de l'estampe, adore l'enfant Jésus entre les bras de la Ste. Vierge qui est assise à droite dans un paysage. Clair obscur de trois planches, gravé par un anonyme d'après François Baroche. Ce même sujet a été aussi gravé au burin par un disciple anonyme de C. Cort.

Hauteur: 12 p. 8 lig. Largeur: 10 p. 1 lig.

*) On a aussi des épreuves de ce morceau, qui ne sont imprimées qu'avec trois planches.

17. *St. Jean Baptiste dans le désert. D'après le Parmesan.*

St. Jean Baptiste assis dans le désert. Il étend la main droite vers une croix pour désigner le Méssie qui devoit opérer notre rédemption. L'agneau est à ses pieds, au devant de la droite. Clair-obscur de deux planches d'une grande beauté, gravé d'après un dessein du Parmesan par Antoine de Trente.

Hauteur: 3 p. 11 lig. Largeur: 3 p. 10 lig.

On a des épreuves de ce morceau où le sujet se trouve renfermé dans une bordure de sept lignes de largeur, et composée de quatre pièces dont celle d'en bas offre le chiffre A exprimé en blanc; mais ces épreuves paroissent avoir été tirées postérieurement, après que les planches étoient déjà beaucoup usées.

18. *St. Jean prêchant dans le désert. D'après Raphaël.*

Il est assis sur une butte, tenant sa croix de la main gauche, et ayant l'autre élevée. A la gauche d'en bas est écrit: RAPHA. VR. IN. en blanc. Clair-obscur de deux planches, gravé par Hugues de Carpi dont le nom cependant ne s'y trouve pas marqué, d'après un dessein de Raphaël.

Hauteur: 14 p. 3 lig. Largeur: 10 p. 2 lig.

19. *St. Jean prêchant dans le désert. D'après Raphaël.*

Autre Clair-obscur de deux planches, offrant le même sujet. Le dessein de la figure du Saint est presque le même, mais le fond est d'un dessein différent. A droite, l'agneau est couché à côté du Saint sur la butte, et la croix que le Saint tient de la main gauche dans la pièce précédente, est dans celle-ci appuyée contre un arbre, auprès de l'agneau. Le fond à gauche montre le soleil couchant. Ce morceau n'est pas une copie proprement dite du précédent, vu que la conduite des hachures est tout-à-fait différente. Le graveur est inconnu; il est assez médiocre.

Hauteur: 11 pouces. Largeur: 8 p. 5 lig.

20. *St. Jean l'Evangeliste.*

St. Jean écrivant l'apocalypse dans l'île de Pathmos. Il est assis à terre, vu de profil et tourné vers la gauche. Il écrit dans une tablette appuyée sur un roc qui lui sert de table. Derrière lui, à gauche, s'élève un arbre. Le mot SCRIBE est exprimé à la droite d'en haut, au milieu d'un soleil rayonnant. Le chiffre du graveur [monogram] se voit sur une pierre, vers le milieu d'en bas. Pièce ronde. Clair-obscur de trois planches.

Diamètre : 6 pouces.

21. *Saül sauvé. D'après Perin de Vaga.*

Les disciples sauvant Saül, en le descendant durant la nuit le long de la muraille de Damas, dans une corbeille. Saül s'appuye du bras gauche sur le bord de la corbeille, et se tient de la main droite élevée attaché au cordon. A gauche, à mi-hauteur de la planche, est écrit : P. VAGA. INVENT. Clair-obscur de trois planches de forme ovale.

Diamètre de la hauteur : 9 p. 3 lig. Celui de la largeur : 5 p. 8 lig.

22. *St. Paul.*

Il est debout, vu de profil et tourné vers la droite. Il a les jambes croisées, tient de la main droite un glaive, la pointe à terre, et s'appuye de l'autre sur un mur où est placé un livre ouvert dans lequel il lit. Clair-obscur de trois planches gravées en bois d'une manière lourde d'après un dessein qui approche un peu du goût de Beccafumi.

Hauteur: 9 p. 3 lig. Largeur: 5 p. 10 lig.

23. *St. Philippe. D'après Beccafumi.*

Il est debout, le corps de face, mais la tête de profil et tournée vers la gauche. Il tient de la main droite un livre ouvert et de l'autre une croix. Clair-obscur de trois planches, gravé par un anonyme d'après Dominique Beccafumi.

Hauteur: 10 p. 6 lig. Largeur: 6 p. 3 lig.

24. *St. Philippe et St. Mathias.*

St. Philippe debout à la gauche de l'estampe, soutient sa croix d'une main, et de l'autre prend un calice que lui présente St. Mathias qui est debout à droite et armé d'une pique. Clair-obscur de trois planches gravé par un anonyme d'après un dessein d'un maître très médiocre.

Hauteur: 9 pouces. Largeur: 7 pouces.

25. *St. Pierre prêchant l'évangile. D'après Polidoro.*

St. Pierre prêchant l'évangile après avoir reçu le St. Esprit. Ce Saint est debout à gauche sur une espèce d'estrade, prèchant, la main droite élevée, à dix hommes qui occupent le milieu de la planche, et à deux femmes qui se voient à droite. Clair-obscur de trois planches, fait d'après un dessein de Polydore dans le goût d'un bas-relief, par Hugues de Carpi.

Largeur: 14 pouces. Hauteur: 5 p. 4 lig

On a deux épreuves de ce morceau.

Première épreuve. Elle est sans nom. La tête de la femme qui est la plus proche du bord droit de la pièce, est vue de profil.

Seconde épreuve. On y lit au bas de la gauche: POLIDORO CARAVAGIO INVENT in mantoua 1608. La tête de la dernière femme, vue de profil dans la première épreuve, l'est de trois quarts dans cette seconde.

26. *St. Pierre et St. Jean. D'après le Parmesan.*

Ces deux Apôtres sont représentés dirigeant leurs pas vers la droite. St. Jean vu de profil, met la main droite sur sa poitrine, et de l'autre relève son manteau. St. Pierre retourne sa tête vers St. Jean et tient la clef de la main droite. Clair-obscur de trois planches que l'on croît être gravé par Hugues de Carpi.

Hauteur: 5 p. 8 lig. Largeur: 3 p. 10 lig.

On a deux épreuves différentes de ce morceau.

Première épreuve. Elle est avant toute marque.

Seconde épreuve. On y voit, vers la gauche d'en haut, le monogramme [monogramme] d'André Andreani, menagé dans la planche des ombres.

Copie de ce morceau, gravée en contre-partie par un anonyme qui ne paroît pas être moderne. Les deux Saints ont une auréole au-dessus de la tête. Clair-obscur de trois planches.

Hauteur: 5 p. 6 lig. Largeur: 3 p. 10 lig.

27. *St. Pierre et St. Jean guérissant les malades. D'après Raphaël.*

Au milieu de ce sujet les deux Apôtres guérissent un boiteux assis au pied d'une colonne à la porte du temple. Clair-obscur de trois planches dont celle qui offre le trait, est de cuivre et gravée à l'eau-forte par le Parmesan d'après une des tapisseries du Vatican, exécutée sur le dessein de Raphaël. A la gauche d'en bas, les lettres I. V. R. sont exprimées en noir.

Largeur: 15 pouces. Hauteur: 10 p. 2 lig.

28. *Le martyre de St. Pierre et de St. Paul. D'après le Parmesan.*

Le Préfet de Rome est assis à droite, sur un tribunal, entouré de Juges et de licteurs. Au milieu du devant un bourreau vu par le dos, lève de la main gauche le sabre pour couper la tête à St. Paul. Un autre bourreau, à la gauche de l'estampe, est prêt à décapiter St. Pierre qu'il tient par la barbe, et qui est à genoux devant lui. Un ange descend du milieu d'en haut. Clair-obscur de trois planches, gravé par Antoine de Trente d'après le Parmesan. Cette pièce est une de celles citées par Vasari.

Largeur: 17 p. 8 lig. Hauteur: 10 p. 8 lig.

On a deux épreuves différentes de ce morceau.

Première épreuve. Le devant de la droite

offrant une partie du terrain couvert de gazon, est exprimé par trois planches. *Seconde épreuve*. Il n'y a qu'une petite partie de ce devant qui soit exprimée par trois planches, tout le reste n'offrant que le travail de deux planches, c'est à dire de celle de la demi-teinte et de celle des ombres.

On a de ce sujet une très belle estampe gravée par Jacques Caraglio.

29. *St. Elie. D'après D. Viani.*

Ce Saint est assis dans une grotte, tenant un livre ouvert de la main droite, et appuyant sa tête sur la main gauche. Un autre saint Solitaire tenant un bâton de la main gauche, semble annoncer l'arrivée d'un grand corbeau qui descend du haut de la gauche, portant un pain dans le bec. Clair-obscur de deux planches, gravé par un anonyme d'après un dessein de *Dominique Viani*. Sans nom ni marque.

Hauteur: 14 p. 2 lig. Largeur: 9 p. 8 lig.

Nous avons vu de ce morceau une première épreuve qui ne paroît être qu'une épreuve d'essai. Elle est imprimée d'une seule planche, et porte dans une marge d'en bas ces inscriptions, savoir à gauche: *Dom.co Viani Inu.to et Dipinse*, à droite: *Antonio Dardani Fece.* Ce qui prouve que cette épreuve n'est qu'un essai, c'est que l'on y remarque plusieurs hachures qui ne se retrouvent plus dans l'épreuve précédente, et qu'on a ôtées comme nuisibles à l'effet du dessein; telles sont par exemple les hachures qui croisent les rayons dont le corbeau est environné.

30. *St. François d'Assise. D'après Alexandre Casolani.*

St. François d'Assise embrassant une croix. Il est tourné vers la droite, où l'on remarque une tête de mort, vers laquelle il fait signe. A la droite d'en bas est le chiffre d'André Andreani. Dans la marge d'en bas on lit: *Alla nobilis.ma Sig.ra Supitia Malauolti delli Beringlusci. Andrea Andreani Intagl.re In Siena.* 1591. Clair-obscur de trois planches, gravé par Andreani d'après un dessein d'Alexandre Casolani.

Hauteur: 10 p. 3 lig. Largeur: 8 p. 3 lig.

31. *St. Jerôme. D'après le Titien.*

St. Jerôme dans le désert. Il est vu de profil et tourné vers la gauche. Il est assis sur une pierre contre laquelle il s'appuye en même temps de la main gauche, et de la droite il se frappe la poitrine avec une pierre. Le nom de TICIANVS est gravé à mi-hauteur du milieu de la planche, et vers la droite d'en bas on lit: VGO; c'est à dire: *Hugo da Carpi.* Clair-obscur de deux planches, gravé d'après un dessein du Titien.

Hauteur: 6 pouces: Largeur: 3 p. 5 lig.

32. *St. Jerôme.*

Le Saint est assis à terre à l'entrée de sa grotte, tenant de la main gauche un crucifix sur lequel il médite. Un lion est couché dans le fond à droite. Cette figure a été gravée d'après celle de Diogène que Raphaël a représenté dans la composition de son sujet de l'école d'Athènes. Clair-obscur de deux planches. Au milieu d'en bas, sur une pierre, est cette marque qui désigne le nom du graveur en bois.

Largeur: 10 p. 2 lig. Hauteur: 8 pouces.

33 *St. Jerôme. D'après le Guide.*

St. Jerôme se frappant la poitrine avec une pierre à la vue d'un crucifix. Il est tourné vers la gauche. Au bas de ce même côté on lit: *Guid. Rhen. Inuen. Barthol. Coriolanus Eques Sculpsit Bonon.* 1637. Ces mots sont écrits sur une pierre surmontée d'un écusson d'armes offrant trois griffes et la croisette. Ces mêmes trois griffes et la croisette, mais sans être renfermées dans un écu, se trouvent une seconde fois à la droite d'en haut. L'année 1640 est exprimée en blanc vers le milieu d'en bas. Clair-obscur de deux planches.

Hauteur: 10 p. 11 lig. Largeur: 8 p. 2 lig.

On a deux épreuves de ce morceau.

Première épreuve. Celle que l'on vient de détailler.

Seconde épreuve. Les trois griffes et la croisette se trouvent ôtés de l'écusson.

34. *St. Laurent. D'après Marie di Santagostino.*

Ce Saint est debout dans une niche, tenant la palme de martyr de la main droite, et de l'autre s'appuyant sur un gril. A gauche, au bas du pilier de la niche, est gravé: MAR. D. AVG. PINXIT, à droite, au bas de l'autre pilier: IA. D. C. FECIT. Clair-obscur de deux planches, gravé par un graveur inconnu d'après *Marie di Santagostino*.

Hauteur: 10 p. 4 lig. Largeur: 7 p. 2 lig.

35. *Les quatre docteurs de l'Eglise. D'après Beccafumi.*

Les quatre principaux docteurs de l'église. Le premier, assis à droite et vu presque par le dos, écrit dans un grand livre; le second, assis à gauche, et ayant un livre ouvert sur ses genoux, retourne la tête vers le troisième qui, debout vers le fond de la droite, s'appuye de ses deux mains sur un livre. Le quatrième, debout au delà du second, montre un livre ouvert. Clair-obscur de deux planches, gravé par un anonyme d'après un dessein attribué à Beccafumi.

Hauteur; 8 pouces. Largeur: 6 p. 3 lig.

36. *Ste. Catherine.*

Elle est assise au pied d'un rocher, adorant, les deux mains jointes, le St. Esprit qui se voit à la droite d'en haut, et vers lequel est tourné son regard. On voit à ses pieds la roue qui a servi à son supplice. A la droite d'en bas les lettres A G (peut-être Alexandre Ghandini,) sont exprimées en blanc. Clair-obscur de deux planches, gravé d'après un maître qui a quelque rapport avec le Parmesan.

Hauteur: 6 p. 2 lig. Largeur: 3 p. 6 lig.

37. *Ste. Cécile. D'après le Parmesan.*

La Sainte est vue à mi-corps, presque par le dos, et tournée vers la droite. Elle touche d'un petit clavecin soutenu par deux anges. Un troisième ange se voit à gauche, vers le fond. Clair-obscur de deux planches. Le sujet est renfermé dans un ovale dont le diamètre de la hauteur est de 8 pouces, 6 lignes, celui de la largeur, de huit pouces. Hors de l'ovale, vers la gauche d'en bas, est la marque d'Andreani. Cependant il paroît, que le graveur de ce morceau est plutôt Antoine de Trente.

Hauteur et largeur: 9 p. 2 lig.

38. *Ste. Elisabeth. D'après G. Caccia dit Moncaluo.*

Ste. Elisabeth distribuant ses biens aux

pauvres. Elle est debout vers la gauche de l'estampe, près d'un coffre d'où elle tire des habits de la main droite, donnant de l'autre de l'argent à une pauvre femme qui est à genoux devant elle. Un groupe d'autres pauvres femmes se voit vers le fond de la droite. A la gauche d'en bas on lit: 1600 *in Moncalvo.* Clair-obscur de deux planches, gravé par un anonyme.

Largeur: 8 p. 4 lig. Hauteur: 6 p. 5 lig.

V. SUJETS PIEUX.

1. *St. Jean l'évangeliste à mi-corps.*

St. Jean l'évangeliste à mi-corps, vu de profil et tourné vers la droite. Il tient de la main gauche élevée un calice d'où sort un serpent. Une auréole entoure sa tête. On lit en haut: NF IN 1633. Clair-obscur de trois planches, gravé par un anonyme.

Hauteur: 5 p. 7 lig. Largeur: 4 p. 6 lig.

2. *Sibylle. D'après le Guide.*

Elle est assise, ayant un livre ouvert qu'elle a sur ses genoux. Elle semble être inspirée par un ange que l'on voit à gauche, et qui lui parle. Clair-obscur de deux planches, gravé par Bartholomée Coriolan. En bas est une marge noire. Sans marque.

Hauteur: 9 p. 7 lig. La marge d'en bas: 9 lig. Largeur: 6 p. 10 lig.

3. *Autre Sybille. D'après le Guide.*

Elle est assise, la tête appuyée sur sa main gauche, et lisant dans un volume qu'elle a sur ses genoux, et dont elle tient un bout de la main droite. A gauche, sur une table, on voit un encrier et quelques livres. Une tablette est appuyée contre la table. Clair-obscur de deux planches, gravé par Bartholomée Coriolan. En bas est une marge noire. Sans marque.

Même dimension.

4. *Autre Sybille. D'après le Guide.*

Elle est assise et tournée vers la droite. Elle a auprès d'elle un ange qui lui aide à soutenir une tablette sur laquelle elle écrit. Clair-obscur de deux planches, gravé par Bartholomée Coriolan d'après le Guide. En bas est une marge en noir. Sans marque.

Même dimension.

5. *Autre Sibylle. D'après le Guide.*

Elle est assise, vue de profil et tournée vers la droite. Elle regarde un tableau qu'elle tient de la main gauche. Clair-obscur de deux planches, gravé par Bartholomée Coriolan d'après le Guide. En bas est une marge noire. Sans marque.

Même dimension.

6. *Autre Sibylle. D'après Raphaël.*

Elle est assise dans une chambre, lisant dans un livre qu'elle tient de la main droite. Devant elle, vers la gauche, un enfant tenant un flambeau, l'éclaire. Vers le haut de la gauche est la lettre R exprimée en blanc. Clair-obscur de deux planches, gravé par Hugues de Carpi d'après Raphaël.

Hauteur : 10 pouces. Largeur: 8 pouces.

Suivant Vasari, ce morceau doit avoir été le premier essai de Hugues de Carpi dans la gravure en Clair-obscur. (Vasari. Terza Parte. pag. 421. Edition. de Rome 1759. 4to)

Copie de ce morceau, gravée dans le même sens. On la connoît en ce qu'il y a trois ligamens autour du flambeau que tient l'enfant, tandisque dans l'original il n'y en a que deux. (Voyez Planche. Fig. 2.)

Autre Copie. Elle est en contre-partie, de façon que la femme tient le livre de la main gauche. La lettre R, pareillement exprimée en blanc, se trouve au côté droit, et au dessous de cette lettre R se voient les lettres R. V. I. mais elles sont presque toujours mal exprimées, ou bien elles manquent absolument. Clair-obscur de deux planches.

Hauteur: 10 p. 3 lig. Largeur: 8 p. 3 lig.

7. *La Sibylle Tiburtine et Auguste. D'après le Parmesan.*

La Sibylle Tiburtine faisant remarquer à Auguste la sainte Vierge dans le ciel. Elle est au milieu de l'estampe, faisant signe de la main droite vers la gauche d'en haut, où l'on voit la sainte Vierge assise dans des nues, et accompagnée de quelques anges. Elle retourne sa tête vers l'Empereur Auguste qui la suit, en marquant son étonnement par ses mains jointes et élevées. Deux valets le suivent. Clair-obscur de deux planches, gravé par Antoine de Trente d'après le Parmesan. Très belle pièce et une de celles citées par Vasari.

Hauteur: 12 p. 8 lig. Largeur: 9 p. 6 lig.

8. *Répétition de la pièce précédente.*

Le même dessein gravé une seconde

fois. On distingue cette pièce de la précédente en ceque le pilier et la colonne que l'on voit à droite, au delà des deux valets d'Auguste, ne sont point garnis d'herbe. Clair-obscur de trois planches, supérieurement bien gravé par un anonyme qui, suivant toute apparence, est Joseph Nicolas de Vicence.

Hauteur: 12 p. 8 lig. Largeur: 9 p. 9 lig.

9. *Le Triomphe de Jésus Christ. D'après le Titien.*

Jésus Christ sur un char de triomphe traîné par les animaux symboliques des quatre évangelistes, et précédé et suivi de patriarches, sibylles, martyrs. La marche se dirige vers la gauchc. Cc triomphe est gravé en bois d'une seule planche par André Andreani d'après un superbe dessein du Titien. Il forme un tableau composé de huit pièces marquées au milieu d'en bas d'une lettre, depuis A jusqu'à H, pour désigner comment elles doivent être jointes ensemble. La première pièce, c'est à dire celle marquée de la lettre A, porte cette inscription : TITIAN. INVEN. *Andreas Andrianus fecit et dicauit D. Jacobi ligotiae pic. Mag. Duc. Etruriae.* ROMAE. Cette pièce est extrêmement rare.

Largeur: 94 pouces. Hauteur: 14 p. 4 lig.

On a de ce morceau une estampe gravée en petit par J. Théodore de Bry. Le sujet y est représenté en contre-partie de la taille de bois.

VI. SUJETS DE L'HISTOIRE PROFANE.

1. *L'enlèvement d'une Sabine. D'après Jean de Bologne.*

Un Romain enlevant une Sabine. Clair-obscur de trois planches, gravé en 1584 par André Andreani d'après le groupe de Jean de Bologne, qui est dans la place publique de Florence. On lit à la gauche d'en bas: *Raptam. Sabinam. a Joa. Bolog. arm. exculptam. Andreas Andreanꝰ Mant. inci. atque Equiti Nicc. Gaddio dicauit. M. DLXXXIV. Flor.*

Hauteur: 16 p. 4 lig. Largeur: 7 p. 6 lig.

2. *Ce même groupe, d'un autre côté.*

Ce même groupe, vu dans un autre aspect, c'est à dire que le Romain est vu par le dos. Clair-obscur de trois planches, gravé par le même. On lit à la droite d'en bas : *Raptam. Sabinam a Jo. Bolog. marm. excul. Andreas Andreanꝰ Mant. incisit, atque Bernardum Vechiettum dicauit anno M. D. LXXXIIII.*

Même dimension.

3. *Le groupe précédent.*

Ce même groupe, vu presque du même aspect que le précédent, gravé une seconde fois, dans une proportion un peu plus grande, et avec des ombres exécutées par hachures. Clair-obscur de deux planches. On lit à la droite d'en bas : *Hoc opus exculpsit Jo. Bologna. Andreas Andreanꝰ incisit atque dicauit. Ad illustriss. et Excel. Joannem. Medicem.*

Hauteur : 16 p. 7 lig. Largeur : 7 p. 5 lig.

4. *Le ravissement des Sabines. D'après Jean de Bologne.*

Plusieurs groupes de Romains qui enlèvent des Sabines, représentés en six feuilles qui ne composent qu'une seule pièce, étant jointes ensemble. Elles ont été gravées à Florence en 1585 par André Andreani d'après le basrelief de bronze de Jean de Bologne qui est placé dans le milieu du piédestal de ce fameux groupe dont on vient de détailler les trois Clair-obscurs précédens. Ceux-ci sont imprimés avec quatre planches.

Les feuilles d'en bas offrent les sujets suivans.

Celle à gauche, un Romain à cheval, portant entre ses bras une Sabine, et se dirigeant vers le fond. Trois hommes sont terrassés sous le cheval.

Celle du milieu, un Romain à pied, emportant une Sabine, en se dirigeant vers la gauche. Au second plan deux Romains se disputent une Sabine accompagnée d'un enfant. Dans le fond on voit quelques cavaliers. Au bas de ce morceau on lit, à droite: *Haec est hystoria raptar. Sabinar. in aere sculptar. per Doum Jo. Bolognam sereniss. Magni Er.[e] Ducis sculptorem celeberr.*, et à gauche: *Andreas Andreanꝰ Mantuanꝰ eam incisit, impressit. Anno Domini. M. D. LXXXV. Florentiae.*

Celle du côté droit présente un Romain à cheval, ayant entre ses bras une Sabine qu'un autre Romain à pied veut lui arracher. Le cheval va au galop vers le devant, en écrasant quelques hommes et une vieille femme.

Les trois feuilles d'en haut présentent la continuation des bâtimens et maisons qui forment le fond dans lequel ces groupes sont placés.

Largeur : 35 pouces. Hauteur : 27 p. 8 lig.

On a de ce morceau deux épreuves.

La première est celle que l'on vient de détailler.

Dans *la seconde* l'inscription qui commence par les mots *Haec est hystoria*, est supprimée ; et au lieu de l'inscription qui est à gauche, on lit : *Ill.mo Domino Joanni Fuggero etc. Sabinarum Raptum a Joanne Bononia Sculptore insigni in aereis laminibus celatum ac in Magni Ducis Etruriae foro situm. Andreas Andrianus Mantuanus ligneis formis incisit ; et majori quam antea studio elaboratum clarissimo Joannis Fuggeri nomini iterum dicauit. Senis Anno Domini. M. D. LXXXvij Junij.* Les armes de Fugger sont ajoutées en haut, au-dessus de la porte d'une maison.

5. *Clélie. D'après Maturino.*

Clélie et ses compagnes s'échappant du

camp de Porsenna. On remarque vers le milieu Clélie à cheval, prenant en croupe une de ses compagnes. Quelques tentes du camp de Porsenna se voient à gauche. Clair-obscur de trois planches, gravé d'après Maturin par Joseph Nicolas de Vicence. Au bas de ce même côté on lit: MATVRIN9 IOS. NIC.VS VICENT.

Largeur: 15 p. 6 lig. Hauteur: 10 p. 5 lig.

On a deux épreuves différentes de ce morceau.

La Première est celle que l'on vient de détailler.

Dans *la Seconde* les noms de *Maturino* et de *Joseph Nicolas de Vicence* se trouvent remplacés par cette inscription: MATVRIN INVENT 16 AA 08. In mantoua. De plus, la planche aux rehauts a été pareillement remplacée par une autre planche, dans laquelle les ondes du fleuve Tibre ne sont exprimées que par quelques rehauts épars, tandisque dans la première épreuve ces ondes sont faites par des traits nombreux qui forment des dégrés comme l'eau tombant en cascade.

6. *Archimède.*

Etude pour une figure d'Archimède. Ce

philosophe est représenté accroupi à terre, la jambe droite retirée, la gauche tendue en avant. Il porte la main gauche sur un corps de forme carrée, fait un geste de la droite, et incline sa tête pour regarder un polygone qui se voit à terre vers la gauche du devant. Clair-obscur de quatre planches, gravé suivant toute apparence par Hugues de Carpi d'après un dessein qui pourroit bien être du Parmesan. Ce superbe morceau est extrêmement rare.

Hauteur : 16 p. 6 lignes ? Largeur : 13 pouces ?

7. *Mutius Scévola. D'après Balth. Peruzzi.*

Mutius Scévola se brûlant la main dans un brasier. Porsenna est assis sur un trône à gauche, Scévola est debout à droite. Différens guerriers remplissent le fond. Clair-obscur de trois planches, gravé par André Andreani d'après Balthasar Peruzzi. Au milieu de l'autel est la marque d'André Andreani et l'année MDCVIII.

Hauteur : 10 pouces. Largeur : 7 p. 10 lig.

On a de ce morceau des épreuves imprimées seulement à deux planches. Celle qui offre les rehauts, y est omise.

8. *Scipion l'Africain. D'après Jules Romain.*

Scipion l'Africain faisant rendre à son mari une femme captive d'une grande beauté, qu'on lui avoit amenée. Le héros est assis à droite sur un tribunal. Il fait avancer la femme qui est derrière lui, et lui montre son mari qui est à genoux à ses pieds. Clair-obscur de trois planches, gravé par un anonyme d'après un dessein de Jules Romain. Ce même sujet a été aussi gravé en cuivre par Diane Ghisi de Mantoue, et à l'eau-forte en 1543 par Antoine Fantuzzi.

Largeur : 9 p. 4 lig. Hauteur : 7 p. 2 lig.

9. *Ajax. D'après le Polydore.*

Ajax se tuant de désespoir en présence d'Agamemnon et des autres chefs des Grecs. On remarque Ajax à gauche, tombant et s'appuyant du bras droit contre la terre, et ayant son bouclier au bras gauche élevé. Clair-obscur de trois planches gravées par Joseph Nicolas de Vicence d'après un dessein de Polydore de Caravage.

Largeur : 15 p. 4 lig. Hauteur : 11 p. 6 lig.

On a de ce morceau deux épreuves.

Première épreuve. On lit à la droite d'en bas: PVLIDORO CAR. IO. NIC. VICEN. exprimé en noir.

Seconde épreuve. Au lieu de cette inscription, on lit une autre, pareillement exprimée en noir et placée à la droite d'en bas : POLIDORO DA CARAVAGIO INVENT. AA in mantova. 1608.

10. *Diogène. D'après le Parmesan.*

Le philosophe Diogène assis au devant de son tonneau, faisant quelque démonstration avec une baguette. On voit dans le fond à droite le coq déplumé qu'il avoit envoyé par raillerie à Platon, lorsque celui-ci eut défini l'homme un animal à deux pieds sans plumes. Suivant Vasari (p. 422.) *Hugues de Carpi* n'a rien fait de plus beau que ce clair-obscur qui est de quatre planches. On lit à la gauche d'en bas: FRANCISCVS PARMEN. PER VGO CARP. Ces deux noms sont exprimés en blanc.

Hauteur: 17 p. 6 lig. Largeur: 12 p. 8 lig.

Le même sujet a été aussi gravé au burin par J. Caraglio.

11. *Le Triomphe de Jules César.*
D'après Mantegna.

Le triomphe de Jules César, peint à Mantoue par ordre de François Gonzague, quatrième marquis de Mantoue, au palais près de l'église de St. Sébastien, et gravé en clair-obscur de quatre planches, en 1599 par André Andreani sur des desseins faits par Bernard Malpizzi, peintre de Mantoue. Suite de neuf pièces. Savoir:

1) Des soldats Romains portant des tableaux où sont représentés des sièges, batailles et autres sujets de guerre. Ces soldats sont précédés de quelques hommes qui sonnent de la trompette.

2) Un homme debout sur un char de triomphe. Il est suivi de quelques cavaliers et de gens à pied dont un porte une petite statue. Vers la droite, un tableau attaché au bâton d'une torche, offre cette inscription: *Imp. Julio Caesari ob Galliam devict. militari potentia triumphus decretus invidia spreta superata.*

3) Ce morceau présente à gauche un char orné de trophées et accompagné d'un soldat armé d'une hallebarde. A droite qua-

tre hommes portant des vases sur un brancard.

4) Des hommes portant des vases sur un brancard. Ils sont accompagnés d'un autre homme qui porte un vase entre les bras, et suivis de boeufs destinés pour un sacrifice, et de plusieurs musiciens qui jouent sur des chalumeaux très longs.

5) Des éléphans portant des torches allumées et pratiquées dans de grands candélabres. Ces animaux sont précédés par un taureau conduit par un sacrificateur.

6) Des hommes portant des vases sur un brancard, suivis par quelques autres hommes qui portent des trophées d'armes attachés au boût d'un bâton.

7) Marche d'hommes et de femmes accompagnés d'enfans, et suivis d'un guerrier qui porte un bâton surmonté d'une torche et d'une tablette, où on lit: S. P. Q. R. LIBER VRBIS.

8) Des guerriers portant des aigles et des drapaux, précédés par plusieurs musiciens, parmi lesquels on en remarque un qui joue de la lyre, un autre qui joue du tambourin etc.

9) Jules César sur un char de triomphe

attelé de deux chevaux. A côté de l'un de ces chevaux marche un homme portant un bâton, auquel est attaché une tablette ronde qui offre les mots VENI VIDI VICI.

Ces neuf pièces portent 13 pouces, 7 à 9 lignes de largeur, sur une hauteur égale. Etant destinées à être collées l'une à côté de l'autre, elles sont marquées de numéros qui indiquent l'ordre d'après lequel elles doivent être jointes. Ces numéros sont gravés sur chaque pièce à la gauche d'en bas, dans une marge d'environ 8 lignes de hauteur.

Pourque cette suite soit à son complet, elle doit être accompagnée encore de deux autres feuilles qui cependant sont difficiles à trouver.

L'une est un frontispice offrant au milieu d'en haut le buste de Vincent Gonzague Duc de Mantoue, gravé en clair-obscur de trois planches. Au bas de ce buste est le titre suivant : *Ser.mo Principi Vincentio Gonzagae. D. G. Mantuae ac Montis Ferrati optimo duci — Tabulae triumphi Caesaris olim nutu Eccelsi Francisci Gonzagae inclitae vrbis Mantuae — imperio novo, novisque potiare triumphis. — Ber-*

nar. Malpitius pict. Mant. F. Mantuae. MDXCVIIII.

Même dimension que les neuf pièces précédentes.

L'autre pièce offre six colonnes d'ordre Corinthien, placées de front, et gravées sur une même planche. Les fûts de ces colonnes sont ornés de trophées d'armes supposés sculptés en bas-relief. La première colonne est marquée du chiffre et la seconde du mot: MANTVA. L'espace entre les trois colonnes du côté gauche, et les trois autres du côté droit offre ces quatre marques: IN-MANTVA- - 1598 placées l'une au-dessus de l'autre. Largeur de l'extrémité de la première colonne à celle de la dernière, 17 pouces.

Ces colonnes servent à être rangées entre les neuf pièces, c'est à dire une colonne entre deux sujets du triomphe; mais comme, à cet effet, il faut neuf colonnes, Andreani a imprimé trois de ces six colonnes une seconde fois, et sur une autre feuille.

12. *Enée et Anchise. D'après Raphaël.*

Enée sauvant son père et son frère de l'incendie de Troye. Enée dirige ses pas vers la droite, soutenant Anchise qu'il porte sur ses épaules, et qui a les pénates dans le bras gauche. Le petit Ascagne suit Enée, en s'accrochant à sa ceinture. Clair-obscur de trois planches, gravé par Hugues de Carpi d'après un dessein de Raphaël. A la droite d'en bas on lit: *Raphaël Vrbinas. Qvisqvis. has. tabellas. invito. avtore. imprimet. ex. divi. Leonis. X ac III. Pricipis. venetiarvm. de cretis. excominicationis. sentetia. et alias. penas. incvrret. Rome. apvd. vgvm. de carpi. ipresa. M. D. XVIII.* Cette inscription est écrite en lettres majuscules et en noir. Ce morceau est un des ceux cités par Vasari. Edit. de Rome 1759. p. 422.

Hauteur: 19 p. 7 lig. Largeur: 14 p. 2 lig.

Copie de ce morceau assez bonne, et pareillement en trois planches. On la reconnoît à l'inscription, où les fautes sont corrigées. Au lieu de EXCOMINICATIO on lit: EXCOMVNICATIO, au lieu PENAS on lit: POENAS etc. Au reste, dans cette copie les mots ne sont pas séparés par des points; et les I sont surmontés d'un point.

Même dimension.

VII.
SUJETS DE MYTHOLOGIE.

1. *Actéon. D'après Lucas Penni.*

Vue d'un bois. Au devant de la gauche, Diane au bain, accompagnée de ses nymphes, change en cerf Actéon. Dans le fond à droite on le voit déchiré par ses propres chiens. Sur le devant de ce même côté on remarque deux autres chiens dont l'un boit dans une pièce d'eau. Vers la gauche d'en bas on lit: LVICKES . PEN . D . R . ANNA INVENTVR. Clair-obscur de quatre planches gravées par le même *George Matheus* dont nous avons parlé T. IX. p. 426 de notre Peintre-Graveur. Son nom IORG MATHEVS est gravé en blanc sur un des côtés du bassin vers la gauche de l'estampe.

Largeur: 16 p. 4 lignes? Hauteur: 12 p. 6 lignes?

2. *Buste d'Amour. D'après le Guide.*

La tête d'un Amour endormi, tenant son arc dont on voit un bout à la gauche de l'estampe. Clair-obscur de deux planches, gravé par B. Coriolano d'après le tableau du Guide qui est un des plus fameux qu'il ait peint. Sans marque.

Largeur : 14 pouces Hauteur : 11 pouces.

3. *Les Amours. D'après Raphaël.*

A la gauche de ce morceau, la déesse Vénus s'approche vers des Amours qui jouent avec un lièvre, pendant que d'autres cueillent des fruits, et que quelques uns font l'essai de leurs armes. Cette composition est un des tableaux du Philostrate, et celui qu'il a intitulé *les Amours*. C'est le VIe en nombre. Raphaël s'est conformé à la description qu'en a donné l'ancien Rhéteur. Clair-obscur de quatre planches de forme ovale, gravé par Hugues de Carpi dont le nom est exprimé en noir au milieu d'en bas, ainsi : PER VGO DA CARPO. Vasari fait mention de ce Clair-obscur dans le dénombrement qu'il nous a laissé des ouvrages de Hugues de Carpi. Il a été exécuté d'après un dessein que quelques uns attribuent à Raphaël, quoiqu'il semble convenir mieux à Perin del Vague.

Diamètre de la largeur: 15 p. 3 lig. Hauteur: 9 p. 10 lig.

On a dans la bibliothèque imp. de la cour de Vienne une épreuve, où la planche des ombres fortes et celle des traits sont imprimées l'une et l'autre de couleur noire, de manière que le Clair-obscur semble n'être que de trois planches.

4. *Les Amours jouant aux pommes. D'après Raphaël.*

Dix neuf Amours s'amusant à jouer avec des pommes, ainsi que de différentes autres manières. On remarque à gauche l'un d'eux jettant une pomme à son camarade qui est au milieu, et qui tend ses deux mains pour la prendre. Vers le fond du côté gauche, trois Amours en se vautrant sur l'herbe, jouent avec un petit chevreuil; un quatrième, en l'air, jette une pomme sur eux. Parmi les Amours qui occupent le côté droit, on en remarque deux qui luttent ensemble. Un de leurs camarades, au haut d'un arbre qui s'élève presque au milieu de la planche, jette une pomme parmi eux. On voit sur le devant de ce même côté droit un autre Amour qui se baisse pour ramasser deux pommes. Le fond offre un paysage. Clair-obscur de trois planches, très bien exécuté d'après un beau dessein de Raphaël. Au bas de la droite est le chiffre du graveur NDB exprimé en blanc.

Largeur: 15 p. 2 lig. Hauteur: 10 pouces.

5. *Jeux d'Amours. D'après Raphaël.*

Un grand nombre d'Amours qui se divertissent de différentes manières dans un paysage. On remarque un de ces Amours à la gauche de l'estampe, décochant une flêche. Un second, assis à terre, presqu'au milieu du devant, montre un grand papillon qu'il tient de la main droite élevée. A droite, deux autres jouent au ballon. De cinq autres qui grimpent sur des arbres, on distingue celui du milieu, qui tient une tablette avec l'année 1544 exprimée en blanc. Dans le fond à gauche, plusieurs autres Amours dansent en rond autour d'un arbre. Clair-obscur de trois planches, gravé d'après un dessein de

Raphaël par le maître au monogramme NDB qui est imprimé en blanc à la gauche d'en bas. Vers la droite on lit en noir : RA. VRB. INVEN. Ce morceau est très rare.

Largeur : 14 p. 4 lig. Hauteur : 10 p. 6 lig.

6. *Circé. D'après le Parmesan.*

Circé présentant à boire aux compagnons d'Ulysse. Elle est debout, vue de profil et tournée vers la gauche où l'on voit les compagnons d'Ulysse dans un navire. A ses pieds est un serpent, et derrière elle, à droite, un dragon. Ce sujet est renfermé dans une forme ovale dont le diamètre de la hauteur est de 8 pouces, 8 lignes, celui de la largeur de 7 pouces, 9 lignes. Clair-obscur de deux planches, gravé d'après un dessein du Parmesan, par un anonyme.

Largeur : 10 p. 6 lig. Hauteur : 9 p. 1 lig.

On a deux épreuves de ce morceau.

Première épreuve. Sans nom.

Seconde épreuve. A la gauche d'en bas, hors de l'ovale, est écrit AA *in mantoua* 1602. Il paroît cependant qu'André Andreani n'est que l'éditeur de ce morceau, et qu'il a été gravé par quelque autre artiste.

7. *Circé. D'après le Parmesan.*

Circé buvant en présence des compagnons d'Ulysse. Elle est debout, vue de profil et tournée vers la droite, où l'on voit les compagnons d'Ulysse dans un navire. Dans une forme ovale dont le diamètre a 7 pouces, 11 lignes de hauteur, sur 7 pouces de largeur. Clair-obscur de quatre planches dont celle qui exprime les ombres les plus fortes, n'offre que des traits censés être faits d'un large pinceau.

On a de ce morceau une estampe gravée par Jules Bonasone.

8. *Circé. D'après le Parmesan.*

Le dessein de la pièce précédente rendu une seconde fois par un Clair-obscur de deux planches, dont l'une offre les contours et les ombres, exprimés par des hachures, l'autre les demi-teintes et les rehauts.

Même dimension.

On a de ce morceau deux épreuves différentes.

Première épreuve. Sans marque.

Seconde épreuve. Elle offre un Clair-obscur de trois planches dont celle qui exprime les hachures, est la même que l'on a employée à l'impression de la première épreuve, mais où celles des ombres les plus légères et des demi-teintes avec les rehauts sont les mêmes qui ont servi à la pièce décrite au N°. 7.

On reconnoit la différence de la planche des demi-teintes par les rehauts qui se voient sur le mât du navire, au-dessus de la main qu'y met un des compagnons d'Ulysse. Ces rehauts ont dans la première épreuve la forme de la Fig. 3. a et dans la seconde celle de la Fig. 3. b. De plus, à la gauche d'en bas se trouve le chiffre d'André Andreani exprimé en blanc.

9. *Diane. D'après le Parmesan.*

Diane vue presque par le dos, est tournée vers la gauche. Elle tient un arc de la main gauche élevée. On voit à gauche deux nymphes dans un creux. Clair-obscur de deux planches sans marque, gravé d'après le Parmesan, vraisemblablement par Ant. de Trente.

Hauteur: 3 p. 9 lig. Largeur: 2 p. 7 lig.

10. *Diane. D'après le Parmesan.*

Diane chassant au cerf. Cette déesse est à la droite de l'estampe, et représentée courant vers la gauche, où l'on voit, dans le fond, le cerf assailli par deux chiens. Plusieurs autres chiens accompagnent et précèdent Diane. Clair-obscur de deux planches, gravé d'après le Parmesan par Antoine de Trente, ou par Joseph de Vicence.

Largeur: 5 p. 6 lig. Hauteur: 3 p. 10 lig.

11. *Les Géants. D'après le Guide.*

Jupiter foudroyant les géants. Composition d'un grand nombre de figures. Clair-obscur de trois planches, imprimé sur quatre feuilles destinées à être jointes ensemble. Les planches ont été gravées en 1638. Chacune des quatre feuilles porte 16 pouces de hauteur, sur 11 pouces, 5 lignes de largeur; jointes ensemble, elles forment un grand morceau de 32 pouces de hauteur, sur 23 pouces de largeur.

La pièce d'en haut du côté gauche porte l'écusson d'armes de François Duc de Modène, entouré de nuages.

Celle du côté droit offre l'inscription suivante, pareillement entourée de nuages : *Francisco Atestino Sereniss. Mutinae, etc. Duci. Jouem Giganteo Triumpho clara Guidonis Rheni manu delineatam imitanti, vtque ille Titanas impios, sic Maiestate sua, aequissimisque legibus flagitiosos proterenti. — Barthol.s Coriolanus Eques D. D. D.*

La pièce d'en bas du côté gauche est ainsi marquée : G. R. B. F. — B. C. EQ.S SC. 1638. C'est à dire : *Guido Reni Bononiensis fecit. Bartholomaeus Coriolanus Eques sculpsit.* 1638.

Celle du côté droit porte l'écusson d'armes de Coriolan, c'est à dire les trois griffes d'aigles ailées, surmontées de la croisette.

12. *Répétition de la pièce précédente.*

Ce même morceau, gravé une seconde fois par Bart. Coriolan en 1641, avec quelques changemens. Dans cette seconde gravure le dessein et la taille offrent plus de fermeté. „Cependant, dit Mariette, soit „que ce soit la manière de dessiner du „Peintre qui donnoit plus dans le gracieux que dans le terrible, soit que le „graveur ait altéré les contours de son „original, ce qui est plus vraisemblable, „l'Albane avoit grande raison de reprocher au Guide que toutes ses figures „étoient trop musclées, et, pour parler „selon les termes de l'art, trop boudinées."

Nous allons détailler les changemens que l'on a faits dans cette répétition.

La pièce d'en haut du côté gauche. Au lieu de l'écusson d'armes du duc de Modène se trouve cette inscription: *Terra parens quondam coelestibus inuida regnis. Claud. Gigantom.* Cette inscription est surmontée d'un luth et d'un chalumeau qui se croisent et qui sont joints par une couronne de laurier. Au-dessous des nuages qui entourent cette inscription, est une tête de Vent.

La pièce d'en haut du côté droit porte cette inscription: *Victoriam Jovis arces gigantum superimpositis montibus fabricatas, fulmine deijcientis, Guido Rhenus ite-*

rum auxit. Barthol. Coriolanus Eq. Incidit et iterum Euulgauit. Au-dessous des nuages qui environnent cette inscription, est une tête de Vent. Plus bas, on voit un géant se couvrant la tête avec sa main droite. Ce géant manque absolument dans la première gravure.

La pièce d'en bas du côté gauche porte cette inscription: *G. R. In. Barthol. Coriolanus Eques sculp. et Form. Bonon.* 1641.

La pièce d'en bas du côté droit ne porte pas l'écusson d'armes de Coriolan.

On a deux épreuves différentes de cette répétition.

La première est celle que l'on vient de détailler.

La seconde porte l'année 1647, ajoutée au-dessous du mot *Euulgauit* de l'inscription d'en haut du côté droit.

13. *Etude de Géant. D'après le Guide.*

Etude d'une des figures de Géants qui fait partie de la composition du morceau précédent. Ce géant est représenté succombant sous le fardeau d'un quartier de rocher. Il a le genou en terre, et la jambe droite tendue en avant. Clair-obscur de trois planches. On lit en bas, à gauche: *Guido Rhenus Bonon. Inuen. Bart. Coriolang Eq. sculp.* et au milieu l'année 1638.

Hauteur: 9 p. 5 lig. Largeur: 7 p. 2 lig.

14. *Hercule étouffant Anthée. D'après Raphaël.*

Hercule vu de face, étouffe de ses deux bras Anthée qui, levé en l'air, pousse des cris de douleurs. On voit la peau de lion et la massue appuyés contre un arbre qui s'élève à la droite du fond. Un peu plus loin, et à gauche, est un vieux temple. Clair-obscur de deux planches, gravé par Hugues de Carpi d'après Raphaël. Au bas de la droite, dans une crevasse du terrain, on lit: VGO exprimé en noir par de très petites lettres. Morceau superbe et très rare. On en a aussi [illegible] estampe gravée par Marc Antoine, et une seconde par Augustin Venitien.

Hauteur: 11 pouces. Largeur: 8 pouces.

15. *Hercule étouffant le lion de Némée. D'après Raphaël.*

Hercule vu de profil et tourné vers la droite, a le genou gauche en terre, et appuye le droit contre le ventre du lion qu'il étrangle avec ses bras, et qui s'accroche de sa patte gauche de devant à la cuisse droite d'Hercule, et de la patte de derrière à la fesse. Cette lutte a lieu près d'un rocher qui occupe toute la partie droite du morceau, et qui laisse à gauche la vue d'un lointain montueux. La massue d'Hercule est à terre vers le devant de la droite. Clair-obscur de deux planches, gravé, suivant toute apparence, par Hugues de Carpi. Pièce très rare.

Hauteur: 11 pouces. Largeur: 8 p. 3 lig.

16. *Le même sujet, traité différemment.*

Hercule vu de face vers la gauche de l'estampe, étrangle le lion qui est vu par le dos, et qui s'accroche de ses deux pattes droites à la cuisse et au genou gauches d'Hercule. La massue de ce dieu est à terre près de son pied gauche. Le fond offre un paysage où l'on remarque vers la droite trois arbres plantés de fil sur le bord d'une rivière. Clair-obscur de deux planches gravé par un anonyme.

Largeur: 13 p. 6 lig. Hauteur: 7 p. 10 lig.

17. *Le même sujet; traité différemment.*
D'après Raphaël.

Hercule est vu de profil et tourné vers la gauche. Il se courbe et étrangle le lion de son bras gauche qu'il lui a passé autour du cou. Le lion s'accroche de ses deux pattes droites au genou gauche d'Hercule. Le fond offre un antre. On y remarque à droite la partie de derrière d'un lion. Au devant de la droite est un paquet contre lequel la massue d'Hercule et un chalumeau liés ensemble avec un ruban, sont appuyés. Clair-obscur de deux planches, gravé par Jos. Nic. de Vicence d'après Raphaël. A la gauche d'en bas, sur une pierre, on lit: RAPHA. VR. — JOS. NIC. VICEN. Ces mots sont exprimés en noir. Le fond n'est pas dessiné dans le goût de Raphaël: il approche plutôt de la manière de quelque peintre de l'Ecole Vénitienne.

Hauteur: 9 p. 3 lig. Largeur: 7 p. 1 lig.

On a de ce morceau deux épreuves différentes.

Première épreuve. C'est celle que l'on vient de détailler.

Seconde épreuve. On y a supprimé les noms et on les a remplacés par d'autres, savoir: RAPH. (Sans l'A attachée à la lettre H.) VR. Suit le chiffre d'André Andreani. Le tout exprimé en noir.

18. *Le même sujet. D'après Raphaël.*

Le même groupe, dans un fond qui diffère de celui de la pièce précédente, et qui représente une forêt montueuse. Le groupe occupe le côté droit de la planche. Clair-obscur de deux planches. Vers la gauche, au bas d'une souche, est écrit: RAPHAEL. VR. INV. en noir. Le groupe n'est point une copie de celui du précédent, parcequ'il se trouve que les hachures sont tracées d'une manière entièrement différente. Au reste ce morceau est moins bien gravé, et, suivant notre opinion, il ne vient ni de Nicolas de Vicence, ni de Hugues de Carpi.

Largeur: 15 p. 3 lig. Hauteur: 11 p. 2 lig.

19. *Jason. D'après le Parmesan.*

Jason retournant victorieux de la toison d'or. Il est vu de profil, marchant vers la gauche. Clair-obscur de trois planches, gravé par un anonyme et publié par

André Andreani. A la gauche d'en bas on lit : [monogram] in mantoua, 160.

Hauteur : 13 p. 2 lig. Largeur : 10 pouces.

20. *Répétition de la pièce précédente.*

Nous avons vu une taille de bois de ce même sujet, imprimée d'une seule planche. Les ombres y sont exprimées par des hachures. Cette planche n'a rien de commun avec la pièce précédente Nr. 19. Elle semble faire partie d'un autre clair-obscur, parcequ'elle offre plusieurs endroits vuides, destinés sans doute à être remplis par les couleurs de deux ou de trois autres planches encore.

Hauteur : 13 p. 6 lig. Largeur : 10 pouces.

21. *La Nayade.*

Une nayade assise à terre, ayant le bras gauche appuyé sur une urne d'où coule de l'eau. Elle est entourée d'un cerf, d'une chèvre, de deux vaches et d'un chien. Ce dernier est à ses pieds. Clair-obscur de trois planches, gravé par un anonyme d'après un dessein que quelques uns attribuent à Titien.

Largeur : 5 p. 11 lig. Hauteur : 4 p. 3 lig.

22. *Des Nymphes au bain. D'après le Parmesan.*

Des Nymphes se baignant dans une fontaine. On en voit deux qui marchent dans l'eau au devant de la droite. Une autre, au milieu du fond, tient un grand drap, avec lequel elle s'essuye ; une quatrième est couchée à terre, et accompagnée d'un Amour qui la caresse. Clair-obscur de trois planches, gravé en 1605 par André Andreani, dont la marque est exprimée vers la gauche d'en bas, sur une pierre.

Hauteur: 10 p. 8 lig. Largeur: 7 p. 4 lig.

On a deux épreuves différentes de ce morceau.

Première épreuve. Celle que l'on vient de détailler, c'est à dire, avec la marque d'André Andreani et l'année.

Seconde épreuve, où la marque d'Andreani et l'année MDCV sont ôtées.

23. *Pallas. D'après le Parmesan.*

La déesse Pallas debout, vue de profil et tournée vers la droite. Elle s'appuye de la main gauche sur un grand bouclier, et de l'autre elle tient un bâton. Clair-obscur de deux planches, gravé, suivant toute apparence, par Antoine de Trente, d'après un dessein du Parmesan.

Hauteur : 3 p. 10 lig. Largeur : 2 p. 7 lig.

24. *Pan, et la dispute de Marsias. D'après le Parmesan.*

Deux sujets gravés sur une même planche.

Le premier représente Pan assis sur une butte, baissant sa main droite pour relever de terre son chalumeau. Il est vu de profil et tourné vers la droite.

Le second offre la dispute de Marsias avec Apollon. Ce dieu jouant du violon est debout à gauche, vis-à-vis de Marsias qui l'écoute, et qui est assis à droite.

Chacun de ces deux sujets est renfermé dans un ovale. Clair-obscur de quatre planches, gravé, à ce que l'on croit, par Hugues de Carpi.

Diamètre de l'ovale du premier sujet. Hauteur: 6 p. 10 lig. Largeur: 4 p 7 lig.

Diamètre de l'ovale du second sujet. Hauteur: 7 p. 6 lig. Largeur: 5 p 4 lig.

Largeur des planches : 11 p. 9 lig. Hauteur: 8 p. 8 lig.

On a deux épreuves de ce morceau.

Première épreuve. Le trait qui détermine les ovales, y manque. On n'en voit qu'une petite partie sur le premier sujet à la gauche d'en bas, près de la jambe droite de Pan, et dans le second sujet, à droite, près du coude de Marsias.

Seconde épreuve. Les deux ovales y sont marqués par un gros trait, ajouté tout au tour.

Il y a à remarquer, que les épreuves où les deux sujets se trouvent réunis, sont très rares.

25. *Persée. D'après Marco Pino di Siena.*

Persée victorieux de Méduse dont il vient de couper la tête qu'il tient de la main gauche élevée. On voit Pégase dans le fond à gauche, et au haut de ce même côté, une partie du zodiaque marque la reception de Persée parmi les astres. Dans une marge d'en bas on lit: *Marcus Senensis inuc. Joannes Gallus incid.* Ces mots sont exprimés en blanc. Clair-obscur de quatre planches.

Hauteur: 12 p. 9 lig. La marge d'en bas: 6 lig. Largeur: 8 p. 5 lig.

Copie de ce morceau, en contre-partie et avec quelques changemens; savoir: Persée est tourné vers la droite. Il tient la tête de Méduse de la main gauche baissée, et son sabre de la main droite élevée. On n'y voit ni Pégase, ni zodiaque. Clair-obscur de trois planches, gravé par un anonyme.

Hauteur: 13 pouces. Largeur: 8 p. 7 lig.

26. *Les honneurs rendus à Psyché. D'après Jos. Salviati.*

Le peuple rendant des honneurs divins à la belle Psyché. Elle marche à droite suivie de ses femmes, trouvant sur son chemin des encensoirs que lui offre le peuple rassemblé à gauche. Ce sujet est renfermé dans un octogone de 9 pouces de diamètre. Clair-obscur de trois planches, gravé par Antoine de Trente, d'après Joseph Porta. dit Salviati.

Hauteur des planches: 10 pouces. Largeur: 9 p. 8 lig.

On a deux épreuves de ce morceau.

Premiere epreuve. Sans marque.

Seconde épreuve. On y lit à la gauche d'en bas: [monogramme] in mantoua 1602.

27. *Saturne. D'après le Parmesan.*

Saturne couché à terre, s'appuyant sur son bras gauche, et tenant une balance de la main droite. Il tourne la tête vers un enfant qui est debout près de lui, et qui porte une main à la balance. Clair-obscur de quatre planches, gravé par Hugues de Carpi d'après un dessein du Parmesan.

Largeur: 16 pouces. Hauteur: 11 p. 9 lig.

On a deux épreuves de ce morceau.

Première épreuve. Sans marque.

Seconde épreuve. Elle est marquée à la droite d'en bas: [monogramme] *in mantoua.* 1604.

28. *Tantale.*

Tantale assis au pied d'un arbre qui s'élève à la droite de l'estampe. Il s'appuye de la main gauche contre la terre, et tend l'autre main pour saisir une pomme d'une branche qui se retire. On lit à la gauche d'en bas: TATALO. Clair-obscur de deux planches, gravé par un anonyme d'après quelque maître Italien inconnu. (Voyez Heineke Neue Nachr. p. 154. N°. 17).

Hauteur: 10 p. 6 lig. Largeur: 8 pouces.

29. *Vénus et l'Amour. D'après le Titien.*

Vénus assise dans un paysage, se penche vers l'Amour qui fait des caresses à sa mère, et qui est assis sur une butte à la gauche de l'estampe. Au bas de ce même côté, une pierre carrée offre cette inscription: *TITIANVS INV. Nicolans Boldrinuſ Vicentinuſ incidebat.* 1566. Clair-obscur de deux planches.

Hauteur : 11 p. 4 lig. Largeur : 8 p. 8 lig.

Ce morceau est rare. On le trouve presque toujours imprimé d'une seule planche.

VIII. PIÈCES ALLÉGORIQUES.

1-6. *Les Vertus Chrêtiennes. D'après le Parmesan.*

Suite de six pièces.

Hauteur: 5 p. 4 lig. Largeur: 3 p. 6 lig.

1) *La Foi.* Une femme dans une attitude de dévotion, ayant un genou sur une pierre, portant la main droite sur sa poitrine, et de l'autre tenant un calice On remarque un temple dans le fond à droite.

2) *L'Espérance.* Une femme vue de profil et tournée vers la gauche. Elle a le genou droit sur une pierre taillée, et lève ses deux mains vers le ciel.

3) *La Charité.* Une femme assise au pied d'un arbre qui s'élève à droite. Elle donne le sein à un enfant, soutient un second de son bras gauche, et est accompagnée d'un troisième qui se voit à ses pieds, à la gauche de l'estampe.

4) *La force.* Une femme assise, vue de profil et tournée vers une colonne qui est à droite et qu'elle brise.

5) *La tempérance.* Une femme assise, vue de profil et tournée vers la droite. Elle s'appuye du bras gauche sur une petite balustrade, et de l'autre verse de l'eau d'une aiguière dans un bassin.

6) *La prudence.* Une femme assise, ayant le corps tourné vers la droite. Elle appuye son bras gauche sur son genou, et tient de la main droite un petit miroir qu'elle regarde.

Ces six pièces sont exécutées en clair-obscur par un anonyme d'après des desseins du Parmesan. Elles ont été publiées une seconde fois par *André Andreani* qui a ajouté son chiffre sur N°. 5, vers la gauche d'en bas.

7. *La Force. D'après le Parmesan.*

Une femme adossée contre un mur d'appui, embrassant une colonne de ses deux mains. Son corps est dirigé vers la droite, mais sa tête est retournée vers la gauche. Clair-obscur de deux planches, gravé, suivant toute apparence, par Antoine de Trente, d'après un dessein du Parmesan.

Hauteur : 3 p. 7 lig. Largeur : 2 p. 6 lig.

8. *La Vérité. D'après le Parmesan.*

Une femme nue debout sur un piédestal. Elle a les genoux un peu pliés, et les mains croisées sur sa poitrine. Ses cheveux sont longs et flottent en l'air. Un manteau, pareillement flottant, descend sur son dos. Un soleil qui est à la gauche d'en haut, jette ses rayons sur elle. Clair-obscur de deux planches, gravé d'après le Parmesan par un anonyme qui est peut-être Antoine de Trente.

Hauteur : 3 p. 9 lig. Largeur : 2 p. 7 lig.

9. *La Vertu. D'après J. Ligozzi.*

La Vertu sous la forme d'une jeune femme se debattant contre l'Amour, l'Erreur, l'Ignorance et l'Opinion. Clair-obscur de quatre planches, gravé par André Andreani d'après un tableau de Jacques Ligozzi. On lit en bas, à gauche : *Francisco Medici Sereniss.o Magno Ethurie Duci. Andreas Andreanus incisit ac Dicauit. Jacobus Ligotius Veronens. inuenit ac Pinxit.* A droite: *In Firenze* 1585. — *Lettere Vocale figurate: A. Amore. E. Errore. I. Ignoraza O. Opinio.e V. Virtù.*

Hauteur: 17 p. 10 lig. Largeur: 12 pouces.

On a deux épreuves différentes de ce morceau.

Première épreuve. Celle que l'on vient de détailler. Très rare.

Seconde épreuve. L'inscription à droite, qui commence par les mots: *Lettere vocale*, est entièrement ôtée. On n'y trouve que les mots: *Firenze* 1585, sans le mot *In.*

10. *L'alliance de la paix et de l'abondance. D'après le Guide.*

Deux jeunes femmes qui se tiennent embrassées, et qui représentent la paix et l'abondance. La première à gauche, tient une branche d'olivier, l'autre, à droite, porte une corne d'abondance. Clair-obscur de deux planches, gravé en 1642 par Barth. Coriolano d'après un dessein fait par Guide en 1627.

Hauteur: 7 p. 11 lig. Largeur: 5 p. 8 lig.

On a quatre différentes épreuves de ce morceau.

Première épreuve. On lit en bas, à gauche: *Saulo Guidotto Patritio Bonon. Illustris. Bart.s Coriolanus Eq. D.* à droite: *G. R. In. B C.ſc. Romae.* Au milieu est un écusson aux armes de Guidotto, et au-dessous, l'année 1642 exprimée en blanc.

Seconde épreuve. On lit en bas, à gauche. *Guido Rhenus. Bonon. Inuen. Bart. Coriolanus Eq. Sculp.* à droite: *Roma.* 1627. L'écusson d'armes est en blanc, l'année 1642 s'y trouve.

Troisième épreuve. L'inscription à gauche est d'un caractère un peu plus fort. A droite est écrit: *Romae* au lieu de *Roma.* L'année 1642 ne s'y trouve pas, elle paroît avoir été couverte de couleur après-coup.

Quatrième épreuve. Les deux inscriptions à gauche et à droite, ainsi que l'écusson d'armes sont ôtés; on lit seulement à gauche cette autre inscription: *Bart. Coriolanus Incidit Romae* 1627. Il est à remarquer, que l'année 1627, qui est en noir, se trouve imprimée par-dessus l'année 1642 qui est en blanc, et dont cependant on découvre les traces.

11. *Le tempérament colérique. D'après le Parmesan.*

Une femme d'un air furieux, tenant une épée de chaque main. On voit un violon à terre, vers le fond de la droite. Clair-obscur de deux planches, gravé, suivant toute apparence, par Antoine de Trente.

Hauteur: 3 p. 10 lig. Largeur: 2 p. 7 lig.

12. *L'Envie chassée du temple des Muses. D'après B. Peruzzi.*

Apollon ordonnant à Hercule de chasser l'Envie du temple des Muses. Apollon est assis sur le devant à gauche, entouré de Minerve et des Muses. On voit dans le fond à droite Hercule chassant à coups de massue l'envie sous la forme d'une vieille femme qui porte un paquet. Clair-obscur de deux planches de la plus grande beauté, gravé par Hugues de Carpi d'après un dessein de Balthasar Peruzzi. En bas est écrit, à gauche: BAL. SEN. et à droite: PER VGO. Très rare. *)

Hauteur: 11 p. 2 lig. Largeur: 8 p. 6 lig.

*) *Vasari*, en décrivant ce morceau (III Partie. P. 422) pourroit faire croire que *Peruzzi* l'avoit gravé lui-même. Il dit : Dopo lui (c'est à dire : Hugò de

On a deux épreuves différentes de ce morceau.

Première épreuve. Le dessein est beaucoup avancé par hachures; on en voit, par exemple, sur toute la partie éclairée du corps d'Hercule, sur le bras gauche de la Muse appuyée contre le tronc d'arbre, etc. Les clairs sont peu nombreux et exprimés par des traits délicats. C'est cette épreuve qui est très rare.

Seconde épreuve. Elle offre deux changemens très essentiels, savoir: *Premièrement*, dans la planche noire les hachures qui servoient à exprimer les demi-

Carpi) Baldassare Peruzzi, pittore Sanese fece di chiaroscuro simile una carta d'Ercole, che caccia l'avarizia, carica di vasi d'oro e d'argento, dal monte di Parnaso, dove sono le Muse in diverse belle attitudini, che fù bellissima." Mais on sait que Vasari n'a pas toujours été scrupuleux dans le choix des mots. Il dit, par exemple, que le Parmesan *avoit gravé* (intagliò) un Diogène qui fut la plus belle estampe qui ait jamais été faite par Hugues de Carpi (Ibidem.) Ce qui est moins pardonnable, c'est que Papillon, dans les mots PER VGO de la pièce de Peruzzi, dont on vient de parler, a trouvé un graveur qui se seroit appellé *Perugo.* (Tome I. p. 395).

teintes, se trouvent ôtées, par conséquent toutes les ombres y sont plus minces et coupées d'une manière grêle. On n'y voit plus de hachure sur la partie éclairée du corps d'Hercule, ni sur le bras gauche de la Nymphe appuyée contre le tronc d'arbre, etc. *Secondement*, la planche, exprimant le fond du papier et les clairs, est remplacée par une autre, où les rehauts sont rendus par des traits roides, sans goût, et confondus en masses lourdes.

13. *Pièce emblématique sur la mort. D'après Fortunius.*

On remarque au milieu d'un frontispice d'architecture, les trois Parques qui filent la vie des hommes, Adam et Eve qui par leur péché se sont assujettis à la mort, eux et leur postérité, et un tombeau; tout cela est accompagné de diverses figures symboliques qui ont rapport au sujet.

A la droite d'en haut, est un rond offrant la mort à mi-corps, tenant une tablette avec la syllabe *Mus*. Ce rond est destiné à être attaché au vuide du centre du frontispice, de façon qu'il puisse être tourné sur son axe. De cette manière la syllabe *Mus* complète les huit différentes inscriptions qui, en forme d'autant de rayons, se réunissent vers le centre. A la gauche d'en bas on lit: *Ill. D. Petro Cabello I C Pontrem Relig. D. Steph. ordinisque milit. Ser.mi M. D. Hetr. Auditori dign Joh. Fortuna Fortunius Inuen. Sen. MDLXXXVIII.* Le chiffre d'André Andreani se voit à droite, sur le coin d'une marche.

Hauteur: 18 p. 8 lig. Largeur: 12 p. 6 lig.

On a deux épreuves différentes de ce morceau.

La première est sans le rond qui offre la mort et la syllabe *Mus.*

La seconde est celle que l'on a détaillée.

14. *Le héros Chrétien. D'après B. Franco.*

Un héros Chrétien combattant contre les démons, pour défendre la religion chrétienne. On le voit armé d'un bouclier marqué de la croix, s'élancer sur une troupe de démons qui sont à droite. Le même héros reparoît une seconde fois au haut de l'estampe, à genoux devant le

Sauveur qui lui met une couronne sur la tête, pour récompenser son zèle et sa valeur. Clair-obscur de trois planches publiées, et peut-être aussi gravées par André Andreani d'après un dessein de Baptiste Franco dont la marque B F se voit vers le milieu d'en bas.

Hauteur: 13 p. 3 lig. Largeur: 10 p. 5 lig.

Ce morceau est entouré d'une bordure qui contient ces inscriptions: *Bonum certamen certavi, cursum consumavi, fidem servavi, in reliquo reposita est mihi corona justitiae. Pauli Apo. ad Timot. C. IIII.* *fecit anno* D. MDCX. *Mantuae.* En bas est une dédicace adressée à Louis Gonzaga, qui commence ainsi: *Essendo longo tempo stato come sepolto nelle mie mani questo nobile dissegno del Semoleo, et parendomi di far torto alla professione donatami da Dio, mi son finalmente rissolto farlo uscire in luce in questo intaglio* etc.

15. *Le boeuf et l'enfant.*

Un boeuf debout et tourné vers la gauche. Il est suivi d'un jeune garçon qui semble le faire marcher en le poussant avec une branche de rosier. Le fond offre un paysage. Clair-obscur de deux planches, gravé par un anonyme qui est peut être Boldrini, d'après un dessein que quelques uns attribuent au Titien.

Largeur : 6 p. 10 lig. Hauteur : 5 p. 3 lig.

16. *L'Astronomie. D'après le Parmesan.*

L'astronomie représentée par une femme qui considère attentivement une sphère, près d'un Savant qui étudie sur cette science, étant assis à droite, et ayant auprès de lui un compas. On remarque trois de ses disciples assis derrière lui. Clair-obscur de deux planches, gravé par un anonyme d'après un dessein du Parmesan.

Largeur : 5 p. 6 lignes. Hauteur : 3 p. 10 lig.

17. *Une Thèse. D'après Dominique Briccio.*

Sept docteurs en droit, portant chacun un livre, et l'offrant à Minerve qui est assise sur un trône à la droite de l'estampe. Le drapeau déployé qu'elle tient de la main gauche, porte cette inscription: *D. O. M. Illustriss. Bon. Senat. religiosis verae sapientiae Patribus — offert Dominicus Medici.* Clair-obscur de trois planches, gravé par Barthélemy Coriolan d'après un dessein de Dominique Briccio. Vers la droite d'en bas on lit: *Bart: Coriolan. Eq. Sculp.— Dom. a Briccio F.*

Largeur: 19 p. 3 lig. Hauteur: 13 p. 4 lig.

18. *Une Thèse. D'après le Guide.*

Une Thèse où sont représentés deux femmes assises, accompagnées chacune d'un génie. Celle à gauche tient une tablette avec les mots: *Omnibus idem.* Celle à droite tient pareillement une tablette avec les mots: *Noxia innoxiaque.* Au milieu d'en haut est l'écusson de la ville de Bologne accompagné de ces mots: *Mox in fruges.* Clair-obscur de deux planches, gravé par Barthélemy Coriolan, d'après un dessein fait par le Guide pour le fils d'un de ses disciples, nommé *Jacques Gotti*, dont le nom *Jac. Got.* se trouve écrit au milieu de l'estampe, sur un livre où est placé un vase de fleurs. En bas est écrit, à droite: *Guid. Rhen. In. Barth. Coriolanus Eques sculpsit, et for. Bon.*, à gauche: MDCXXXX. vers le milieu, dans un livre: HIS TVTVS ADVERSIS.

Largeur: 17 pouces. Hauteur: 12 p. 6 lig

IX. PORTRAITS.

1. *Charles V. D'après le Titien.*

L'Empereur Charles V, à mi-corps, armé de toutes pièces et tenant une épée de la main droite. Dans une tablette, au haut de l'estampe, est écrit: CAROLVS IMPERATOR QVINTVS. Clair-obscur de deux planches, gravé par un anonyme d'après un dessein du Titien. Sans marque.

Hauteur: 18 p. 3 lignes? Largeur: 12 p. 6 lignes?

On a aussi des épreuves de ce morceau. tirées d'une seule planche.

2. *Raphaël et sa maîtresse. D'après Raphaël.*

La conversation de Raphaël avec sa maîtresse. Tel est le nom que l'on donne communément à une pièce où est représenté un homme debout à la droite de l'estampe, causant avec une femme qui est assise à gauche, sur un siège, ayant le pied gauche posé sur une boule. Le fond offre une chambre où l'on remarque à droite une porte cintrée par le haut. Clair-obscur de trois planches, gravé par Hugues de Carpi d'après Raphaël d'Urbin. Ce morceau est entouré d'une bordure où on lit, en haut : RAPHAEL VRBINAS, et en bas : PER. VGO. DACARPI. Ces inscriptions sont exprimées en blanc. Pièce très rare.

Hauteur : 6 p. 6 lig. Largeur : 5 p. 2 lig.

3. *Raphaël et sa maîtresse. D'après Raphaël.*

Le morceau précédent, en plus grande forme et en contre-partie, de façon que la femme est assise à droite. Clair-obscur de quatre planches. Sans marque.

Hauteur : 11 p. 6 lig. Largeur : 8 p. 6 lig.

On a aussi des épreuves de ce morceau imprimées à trois planches seulement : il y manque l'ombre portée derrière la femme, laquelle ombre s'élève jusqu'à la hauteur de ses épaules dans l'épreuve à quatre planches.

X. INVENTIONS.

a. Pièces en Hauteur.

1. *Le Philosophe; d'après le Parmesan.*

Un philosophe assis, vu de profil et tourné vers la droite. Il tient un grand livre, sur lequel il s'appuye du bras gauche, et paroît être enseveli dans ses pensées. On remarque dans le fond à gauche un enfant nud armé d'un bâton. Clair-obscur de deux planches, gravé, suivant toute apparence, par Antoine de Trente, d'après un dessein du Parmesan.

Hauteur: 3 p. 8 lig. Largeur: 2 p. 6 lig.

2. *Jeune femme portant un plat. D'après le Parmesan.*

Jeune femme allant d'un pas précipité vers la droite, et retournant sa tête en arrière. Elle tient une espèce de plat de ses deux mains tendues en avant. Son voile flotte au-dessus de sa tête. Clair-obscur de deux planches, gravé d'après un dessein du Parmesan, vraisemblablement par Ant. de Trente.

Hauteur: 3 p. 9 lig. Largeur: 2 p. 7 lig

3. *Le joueur de Luth. D'après le Parmesan.*

Un vieillard assis à terre, contre un arbre et tourné vers la gauche, accordant un luth. Clair-obscur de deux planches, gravé par Antoine de Trente d'après un dessein du Parmesan. La marque du graveur A est exprimée en blanc au milieu du bas de la bordure, dans laquelle ce sujet est renfermé.

Hauteur et largeur: 5 p. 2 lig. La bordure de 7 lig. y comprise.

4. *L'homme élevant ses deux bras.*

Un homme vêtu d'un habit court, debout près d'une porte. Il est vu presque par le dos, tourné vers la droite, et a les deux mains élevées vers le ciel. Clair-obscur de trois planches, gravé par un anonyme d'après un maître inconnu. *)

Hauteur: 5 p. 8 lig. Largeur: 3 p. 3 lig.

*) Ce morceau pourroit bien n'être qu'un fragment d'une composition plus grande.

5. *Aretin chantant la Sirene.*

Aretin vêtu en pélerin, assis sur le bord de la mer, et chantant son poëme de *la Sirene*, dont la constellation lui apparoît à la gauche d'en haut. Clair-obscur de deux planches, gravé par un anonyme d'après un dessein que quelques uns attribuent au Parmesan, d'autres au Titien.

Hauteur: 6 pouces. Largeur: 4 p. 8 lig.

On trouve, quoique très rarement, une épreuve de ce morceau, accompagnée en bas de trois sonnettes imprimées avec des lettres d'impression, dont celle du milieu est intitulée: *M. Pietro Aretino alla Sirena*, les deux autres. *Il Bevazzano al Aretino.*

6. *Le Cardinal et le docteur. D'après Raphaël.*

Un cardinal en camail et en rochet, discourant avec un docteur qui lui montre un livre qu'il porte sous le bras droit. Ces deux figures qui sont debout, et qui semblent représenter deux statues, sont placées sur des socles en encorbellement. Clair-obscur de trois planches, gravé à ce que l'on croit, par Huges de Carpi d'après un dessein de Raphaël.

Hauteur: 6 p. 10 lig. Largeur: 4 p. 8 lig.

7. *La Musicienne. D'après Antoine de Crémone.*

Jeune femme assise, vue de profil et tournée vers la droite. Elle joue d'une guitarre qu'elle appuye sur une orgue. Clair-obscur de trois planches, gravé par un anonyme d'après un dessein d'Antoine de Crémone, dont le nom ANT CRE est marqué en gris à la droite d'en haut.

Hauteur: 7 p. 10 lig. Largeur : 5 pouces.

8. *La méditation.*

Jeune femme assise dans une chambre près d'une table. Un manteau lui descend du dos, et lui couvre les cuisses et les jambes. Elle est vue de profil et tournée vers la gauche. Elle s'appuye de son bras droit sur un livre, l'autre bras repose sur son giron. Elle a l'attitude d'une personne qui est en méditation. Clair-obscur de trois planches, gravé par un anonyme d'après un dessein qui approche de la manière du Parmesan. Sans marque.

Hauteur: 7 p. 10 lignes? Largeur: 5 p. 9 lignes?

9. *Le cavalier. D'après le Pordenon.*

Un jeune homme nud, monté sur un

cheval qui n'a ni selle ni bride, et qui va au galop vers la droite. Clair-obscur de deux planches, gravé par Nicolas Boldrini d'après Jean Antoine Regillo, dit Pordenone. On lit en bas, à gauche: PORDO, et vers le milieu: *Nic· bol. inc.*

Hauteur : 8 p. 6 lig. Largeur : 6 p. 10 lig.

10. *La surprise. D'après le Parmesan.* Un homme debout, étendant les bras comme quelqu'un qui marque sa surprise. Il est vu presque de profil et tourné vers la droite. Dans un ovale. Clair-obscur de trois planches, gravé par un anonyme qui est peut-être Hugues de Carpi.

Diamètre de la hauteur : 8 p. 8 lig. Celui de la largeur : 5 p. 10 lig.

Dimension de la planche; hauteur : 9 p. 9 lig. Largour : 6 p. 9 lig.

On a de ce morceau trois épreuves différentes.

Première épreuve: Sans marque, et sans le trait qui détermine le côté gauche de l'ovale.

Seconde épreuve. Le côté gauche de l'ovale est exprimé par un trait.

Troisième épreuve. A la gauche d'en bas, hors de l'ovale, est la marque d'André

Andreani, et le trait de l'ovale est ôté de rechef.

11. *Le Solitaire. D'après Balthasar Peruzzi?*

Un solitaire vu par le dos, assis à l'entrée d'une caverne, tendant les bras vers une lumière dont on remarque quelques rayons à la gauche d'en haut. Clair-obscur de deux planches, gravé par le maître au nom de Jésus dont la marque IHS est exprimée sur la pierre qui sert de siége au solitaire, d'après un dessein qui paroît être de l'invention de B. Peruzzi.

Hauteur: 8 p. 9 lig. Largeur: 7 pouces.

12. *Etude de vieillard. D'après Beccafumi.*

Etude d'un apôtre ou d'un vieillard qui se dirige vers la droite. Il relève de la main gauche son habit, et de l'autre il fait un geste, comme pour marquer à quelqu'un de s'approcher de lui. Sa tête est retournée en arrière. Clair-obscur de trois planches, gravé par un anonyme d'après Beccafumi.

Hauteur: 10 p. 3 lig. Largeur: 6 p. 3 lig.

13. *L'homme assis, vu par le dos. D'après le Parmesan.*

Un homme nud, vu par le dos, assis sur un bout de terrasse, et dormant les bras et la tête appuyés contre une butte surmontée d'une souche. On remarque derrière lui un buste de femme placé à terre à la gauche d'en bas. Cette figure qui n'est autre chose qu'une simple academie, est d'une singulière beauté pour la correction du dessein et pour la légéreté de la touche. Le Parmesan seul a pu dessiner aussi spirituellement, et l'on ne doute presque pas, qu'il n'ait tracé lui-même sur le bois et le trait et les hachures qui expriment les ombres et les jours avant que de les faire graver. Il s'est servi à cet effet d'Antoine de Trente qui est un de ceux qui a travaillé en clair-obscur avec le plus de succès. Celui-ci n'est que de deux planches. Il est cité par Vasari.

Hauteur: 10 p. 6 lig. Largeur: 6 p. 6 lig.

14. *La femme en méditation. D'après Alex. Casolani.*

Une femme chrétienne méditant pendant la nuit, dans son oratoire, sur une tête de mort qu'elle tient de ses deux mains. On remarque dans le fond, à gauche un autel, à droite une pendule. Clair-obscur de trois planches, gravé par André Andreani d'après Alexandre Cassolani. Dans la marge d'en bas se trouve la marque de Cassolani, et ensuite: *Alla molto Ill.re Sig.ra la Sig.ra Eleonora Montalui delli Augustini. Andrea Andreani Mantouano Intagl.re in Siena:* 1591.

Hauteur: 10 p. 6 lig. Largeur: 7 p. 6 lig.

15. *Le feu au-dessous de la femme. D'après Malpicci.*

Une femme armée d'une cuirasse, assise les jambes écartées. Elle a la main droite appuyée sur sa hanche, et de l'autre relève sa robe, pour la garantir des flammes d'un feu allumée entre ses jambes. On lit en bas: BERNAR. MALPITIVS. MANT. INVE. et le monogramme d'André Andreani qui est le graveur de ce clair-obscur de quatre planches.

Hauteur: 10 p. 8 lignes? Largeur: 7 p. 3 lig.

On ne sauroit guère expliquer ce sujet que par une des fables de la marguérite poëtique d'Albert d'Eyb, suivant laquelle le feu ayant été éteint un jour à Rome, les habitans de cette ville étoient obligés de l'aller chercher auprès d'une courtisanne.

16. *Un Philosophe. D'après D. Beccafumi?*

Un vieux philosophe à grande barbe, debout et tourné vers la droite. Il semble compter sur ses doigts ou scander des vers. Il est placé dans une niche. Clair-obscur de trois planches, gravé par un anonyme d'après un dessein qui pourroit bien être de Beccafumi.

Hauteur: 11 pouces. Largeur: 6 pouces.

17. *L'homme supportant un feston. D'après Michel-Ange.*

Un homme nud assis, supportant un feston de feuilles de chène. Il est tourné vers la gauche. Clair-obscur de deux planches, fait par un anonyme d'après une des figures peintes par Michel-Ange Bonaroti dans la voûte de la chapelle Sixte au Vatican. On lit à la droite d'en bas: MICH. LANGE INVENT.

Hauteur: 13 p. 2 lig. Largeur: 9 p. 10 lig.

18. *Deux vieillards. D'apres D. Beccafumi?*

Un vieillard debout, relevant de la main gauche son habit, et tenant de l'autre un grand livre qu'il regarde. On remarque un second vieillard dans le fond à gauche qui n'est vu qu'à mi-corps, et qui tient un livre de ses deux mains. Clair-obscur de deux planches dont celle aux traits et ombres est de cuivre et gravée au burin. On attribue le dessein de ce morceau à D. Beccafumi.

Hauteur: 15 p. 3 lig. Largeur: 7 p. 9 lig.

19. *Le cavalier Romain. D'après le Pordenone.*

Un cavalier Romain présentant sa lance, et se couvrant de son bouclier. Il va au grand galop, en se dirigeant vers le devant de la droite. Clair-obscur de trois planches, gravé par un anonyme d'après un dessein de Jean Antoine Regillo, dit Pordenone. Sans marque.

Hauteur: 15 p. 3 lig. Largeur: 10 p. 10 lig.

20. *Les deux chèvres au pied de l'arbre. D'après D. Campagnola?*

Deux chèvres au pied d'un arbre rabougri. L'une se baisse pour manger le feuillage sortant d'une des racines de l'arbre, l'autre, à gauche, lève la tête pour atteindre les feuilles d'une branche, au haut de laquelle deux corbeaux sont perchés. Clair-obscur de deux planches, gravé par un anonyme d'après un dessein que nous croyons être de Dominique Campagnola.

Hauteur: 18 pouces. Largeur: 8 pouces.

b. Pièces en Largeur.

21. *Le sacrifice. D'après le Parmesan.*

On voit à la droite de ce morceau un guerrier Romain, s'avançant avec surprise vers un autel, sur lequel plusieurs femmes offrent un sacrifice. Clair-obscur de deux planches, gravé par un anonyme d'après le Parmesan.

Largeur : 5 p. 6 lig. Hauteur : 3 p. 10 lig.

22. *Jeune paysan à cheval. D'après le Titien.*

Un jeune paysan allant à cheval, et portant un levreau attaché à un bâton. Ses pas se dirigent vers la gauche, où l'on voit, en bas, l'année 1566. Clair-obscur de deux planches, gravé, à ceque quelques uns prétendent, par Boldrini d'après un dessein du Titien.

Largeur: 6p. 10lig. Hauteur : 5p. 2 lig.

23. *L'enfant dormant. D'après le Guide.*

Un enfant endormi, couché sur un coussin, la tête appuyée sur une tête de mort, et ayant auprès de lui une horloge de sable que l'on voit à la droite de l'estampe. Clair-obscur de deux planches, gravé par un anonyme d'après un dessein que l'on croit être du Guide.

Largeur: 7p. 6lig. Hauteur : 5 pouces.

24. *La moisson. D'après Jules Romain.*

Vers la gauche de ce morceau est assise une femme qui tient de la main droite une torche allumée, et de l'autre une corne d'abondance. Elle regarde un enfant qui coupe le blé avec une faucille, et au pied duquel on remarque un grand serpent. Au delà de la femme sont deux hommes dont l'un tient une torche d'une main, et de l'autre un bouquet d'épis. Clair-obscur de deux planches, parfaitement bien gravé dans le goût d'un basrelief, suivant toute apparence, par Hugues de Carpi d'après un dessein de Jules Romain. On lit à la gauche d'en bas: IVL. ROM. exprimé en noir.

Largeur: 8 p. 8 lig. Hauteur: 7 p. 8 lig.

25. *Le plafond aux trois anges. D'après Jules Romain.*

Un plafond offrant trois côtés d'une balustrade carrée, par laquelle s'élèvent vers le ciel trois anges qui portent une couronne d'étoiles, et dont celui à gauche montre de sa main droite élevée la gloire céléste, exprimée par un soleil rayonnant. Clair-obscur de trois planches, gravé, suivant toute apparence, par Hugues de Carpi, d'après un dessein de Jules Romain. Vers le bas de la gauche, sur un socle de coin de la balustrade, est marqué en blanc: IV. R. IVE, c'est-à-dire: *Julius Romanus invenit.*

Largeur: 10 p. 7 lig. Hauteur: 3 p. 3 lig.

26. *Le fleuve. D'après Marco Pino di Siena.*

Un jeune homme nud, vu par le dos et assis à terre, mettant son bras droit sur une grande urne, d'où coule de l'eau, et au delà de laquelle on voit un dieu de fleuve tenant de la main gauche un rameau. On remarque vers la gauche un cheval marin près d'un arbre qui s'élève au milieu de l'estampe, sur le bord de la mer. Clair-obscur de quatre planches de forme ovale, gravé par *Gallus* d'après un dessein de Marc Pino de Sienne. A droite, les lettres M. S et G. I. C'est-à-dire: *Marcus Senensis* et *Gallus incidit* sont exprimées en blanc.

Diamètre de la largeur: 12 pouces. Celui de la hauteur: 8 p. 2 lig.

27. *Le groupe d'hommes et de femmes. D'après Salviati?*

Un groupe de différentes figures d'hommes et de femmes. Celles qui se font distinguer préférablement, sont deux hommes nuds, assis à terre. L'un, au devant de la gauche, est vu par le dos, l'autre, vers le fond de la droite, l'est de face. L'un et l'autre retournent la tête vers un vieillard que l'on remarque dans le fond à gauche. Plusieurs autres figures remplissent toute la largeur du fond; on y voit, à droite, une femme tenant une écuelle. Clair-obscur de deux planches, gravé par un anonyme d'après un dessein qui approche du goût de Joseph Porta dit Salviati.

Largeur: 12 pouces. Hauteur: 8 pouces.

28. *Une tête de mort.*

Une tête de mort de grandeur naturelle, dont les cavités des yeux sont tournées vers la droite. Clair-obscur de quatre planches, gravé par André Andreani d'après un anonyme. Au milieu d'en haut, dans une tablette, est écrit: *Memorare novissima tua, et in aeternum non peccabis. Eccle. vij.* Le marque du graveur se voit à gauche, à mi-hauteur de la planche.

Largeur: 12 p. 6 lignes? Hauteur: 10 p. 3 lignes?

29. *Décoration de Théâtre. D'après Riccio.*

Décoration de théâtre pour une comédie intitulée: *Ortensio*, représentée par les académiciens nommés *Intronati*, en présence du grand duc Cosme I, à Sienne en 1560. *) Clair-obscur de trois planches,

*) L'auteur de la Comédie *L'Ortensio*, c'est Alexandre Piccolomini. Elle a été imprimée à

gravé par *Jerôme Bols.* d'après un dessein de *Bartholomée Neroni*, surnommé *Riccio*, peintre de Sienne. On lit en bas, à gauche: RICCIVS SENEN. INVE. et à droite: HIER. BOLS. SENENSIS. F.

Largeur: 13 p. 3 lig. Hauteur: 10 p. 6 lig.

Ce morceau est accompagné d'une dédicace imprimée en bas avec des lettres mobiles. Elle est adressée à Scipion Bargagli par André Andreani qui a publié l'estampe en 1589.

On a deux épreuves différentes de ce morceau.

La première épreuve porte les noms du dessinateur *Riccio* et du graveur *Bols.*

La *seconde épreuve* est sans ces noms.

c. Pièces de forme ronde.

30. *L'étude. D'après le Parmesan.*

Jeune femme assise, vêtue d'un habit léger. Son corps est de face, sa tête de profil et tournée vers la droite. Elle s'appuye de son bras gauche sur un grand

Sienne par Lucas Bonetti en 1571 in 8. Voyez: Guisto Fontanini Bibliotheca dell'eloquenza Italiana, con le annotazioni di Apotolo Zeno. Venez. 1753. 4to T. I. p. 367.

livre, et tient de la main droite élevée une pièce d'écriture. Cette figure n'est vue que jusqu'aux genoux, et renfermée dans un rond. Clair-obscur de deux planches, fait par un habile graveur d'après un dessein qui est indubitablement du Parmesan.

Diamètre: 5 p. 6 lig.

31. *Sacrifice Romain.*

Une prêtresse mettant des fruits sur un autel d'holocauste qui est à gauche, en présence de deux jeunes femmes qui sont à droite, et dont l'une joue de la flûte, l'autre du tambourin. Clair-obscur de deux planches dont l'une n'offre que des contours, l'autre la demi-teinte et les rehauts. Ce morceau est gravé par un anonyme d'après un dessein fait, suivant toute apparence, sur quelque basrelief antique. Pièce ronde.

Diamètre: 7 p. 8 lig.

32. *Homme nud assis.*

Un homme nud, assis, vu par le dos. Il s'appuye sur son bras gauche, et tient de la main droite un drap qui flotte au-dessus de sa tête. Clair-obscur de trois planches, gravé par un anonyme d'après un dessein que quelques uns attribuent au Parmesan.

Diamètre: 11 pouces?

CLAIR-OBSCURS

GRAVÉS

PAR LE COMTE ANTOINE MARIE ZANETTI.

Zanetti avoit fait renaître l'art de graver des clair-obscurs qui étoit allé en décadence à la fin du seizième siècle. Les ouvrages qu'il a exécutés dans ce genre de taille de bois, prouvent ses succès merveilleux. Il y en a plusieurs qui rappellent les beaux travaux de Hugues de Carpi, les autres égalent les productions des gravures en bois les plus distinguées. Encouragé par les éloges que tous les connoisseurs faisoient aux belles estampes dont Zanetti avoit d'abord distribué des épreuves isolées parmi ses amis, il résolut d'en faire un recueil, et de les publier réunies dans un seul corps. Ce recueil a été mis Vau jour à enise en 1749 en deux parties sous le titre: *Raccolta di varie stampe a Chiaroscuro, tratte dai disegni originali di*

Francesco Mazzuola, detto il Parmigianino e d'altri insigni autori. Il contient soixante et onze pièces, auxquelles on a joint trente pièces gravées au burin et à l'eau-forte, ce qui fait cent et une pièces. Ce n'est que les premières dont nous allons donner ici aux amateurs le détail. Ces Clair-obscurs sont devenus extrêmement rares, non seulement parcequ'ils ont été toujours beaucoup recherchés, mais principalement parcequ'on n'en a tiré qu'un très petit nombre d'épreuves, ce que nous apprenons par Zanetti lui-même qui, dans sa préface placée à la tête de son recueil, dit: Sachant par expérience, combien il étoit difficile d'en tirer des épreuves parfaites, et craignant qu'après ma mort les planches ne passassent entre les mains de quelqu'un qui, ou par ignorance ou par l'unique désir d'y gagner, pourroit en faire un mauvais usage, je me suis déterminé à n'en tirer que trente corps sous ma direction, et que ceux-ci fussent les derniers qu'on pût avoir. J'ai ensuite moi-même brisé et brûlé les bois, en présence de témoins dignes de foi, m'ôtant par là à moi-même toute crainte qu'il en puisse jamais paroître au jour des épreuves défigurées, et pensant que la rareté pourroit donner quelque mérite à un ouvrage dont je me persuade difficilement qu'il en contienne encore d'autre.

NB. Les pièces marquées dans ce catalogue d'un astérisque, sont des épreuves publiées par Zanetti avant qu'il eut donné au jour son recueil où elles ne se trouvent pas. Elles sont très rares.

---

1. Un cartouche, aux deux côtés duquel sont debout deux femmes dont celle à gauche est vue presque par le dos, l'autre de face. On voit en haut un génie ailé, et en bas un enfant assis, tenant un ruban de ses deux mains élevées. Le chiffre de Zanetti est vers la gauche d'en bas. Clair-obscur de deux planches. Cette pièce sert de titre pour la première partie du recueil.

   Hauteur : 8 p. 6 lig. Largeur : 6 p. 8 lig.

2. La Vierge assise sur un nuage, soutenant l'enfant Jésus. Le chiffre de Zanetti est à la gauche d'en bas. Clair-obscur de deux planches.

   Hauteur : 3 p. 8 lig. Largeur : 2 p. 5 lig.

* Première épreuve, où le chiffre de Zanetti est précédé de la lettre P. qui signifie: *Parmesan*.

3. Deux enfans qui caressent un mouton. L'un est debout et vu par le dos, l'autre est à genoux et vu de face. Le chiffre de Zanetti et l'année 1725 sont gravés à la gauche d'en bas. Clair-obscur de deux planches.

Hauteur: 3 p. 10 lig. Largeur: 2 p. 8 lig.

4. Le même sujet, traité d'une manière peu différente, mais en contre-partie de l'autre. Le chiffre et l'année 1725 y sont gravés à la gauche d'en haut. Clair-obscur de deux planches.

Hauteur: 3 p. 10 lig. Largeur: 2 p 8 lig.

5. La Vierge à mi-corps, vue de profil et tournée vers la droite. Elle tend un de ses bras sur l'enfant Jésus assis devant elle, sur une table. La marque P qui désigne le nom du Parmesan, le chiffre de Zanetti et l'année 1724 sont gravés à la gauche d'en bas. Clair-obscur de trois planches.

Hauteur: 5 p. 2 lig. Largeur: 3 p. 3 lig.

* Epreuve sans l'année 1724.

6. Le même sujet traité différemment. La

Vierge y est vue de face, et l'enfant a les jambes croisées. La lettre P, le chiffre de Zanetti et l'année 1722 sont gravés à la gauche d'en bas. Clair-obscur de trois planches.

Hauteur: 5 p. 3 lig. Largeur: 3 p. 2 lig.

* Epreuve sans l'année 1722.

7. L'apôtre S. Mathieu. Il est debout, tenant une hallebarde de la main droite, et portant l'autre sur sa tête, comme pour la couvrir de son manteau. La lettre P., le chiffre de Zanetti et l'année 1722 sont gravés à la gauche d'en bas et exprimés par la couleur d'ombres. Clair-obscur de trois planches.

Hauteur: 5 p. 9 lig. Largeur: 2 p. 9 lig.

* Epreuve, où la lettre P, et le chiffre de Zanetti sont exprimés en gris, et où l'ombre du fond se prolonge jusqu'à la hallebarde, tandisque dans l'autre épreuve elle ne dépasse pas la main gauche du fond.

8. S. Philippe. Il est debout, ayant contre le dos une lourde croix qu'il soutient de ses deux mains, avec la gauche par en bas, avec la droite par en haut. La lettre P. et le chiffre de Zanetti sont

gravés vers le haut de la droite. L'année 1721 est au bas de ce même côté. Clair-obscur de trois planches.

Hauteur: 5 p. 10 lig. Largeur: 2 p. 11 lig.

* Epreuve sans l'année 1721.

9. Jeune homme debout, vu de profil, étendant et levant la main droite, et de l'autre tenant un livre. La lettre P. et le chiffre de Zanetti sont gravés à la gauche d'en bas. Clair-obscur de trois planches.

Hauteur: 5 10 lig. Largeur: 2 p. 10 lig.

10. St. André. Il est debout, le corps vu de face, mais la tête de profil et retournée vers la gauche. Il a auprès de lui une croix qu'il soutient de ses deux mains, avec la droite par en bas, avec l'autre par en haut. La lettre P. le chiffre de Zanetti et l'année 1722 sont gravés à droite, à mi-hauteur de la planche. Clair-obscur de trois planches.

Hauteur: 5 p. 10 lig. Largeur: 2 p. 10 lig.

* Epreuve sans les marques et l'année.

11. Le même Saint. Il est debout, ayant le corps tourné vers la gauche, et la tête retournée vers la droite. Il a auprès de lui une croix en sautoir qu'il tient

de ses deux mains, avec la droite par en bas, avec l'autre par en haut. La lettre P. le chiffre de Zanetti et l'année 1722 sont marqués en haut. Clair-obscur de trois planches.

Hauteur: 5 p. 10 lig. Largeur: 2 p. 10 lig.

* Epreuve sans l'année 1722, et avec quelques différences dans les rehauts.

12. L'apôtre S. Jacques. Il est debout, vu presque par le dos, et tourné vers la droite. Il a un casque sur la tête, la main gauche posée sur sa hanche, et tient de l'autre un bourdon. La lettre P, le chiffre de Zanetti et l'année 1722 sont gravés à la droite d'en bas. Clair-obscur de trois planches.

Hauteur: 5 p. 10 lig. Largeur: 2 p. 10 lig.

13. Un jeune homme à demi-nud, debout, élevant les deux mains vers la gauche d'en haut. La lettre P. le chiffre de Zanetti et l'année 1723 sont gravés à la droite d'en haut. Clair-obscur de trois planches.

Hauteur: 5 p. 10 lig. Largeur: 2 p. 10 lig.

14. L'Apôtre S. Jacques marchant vers la gauche. Il fait signe devant lui de la main droite, et de l'autre il tient un

bourdon. Le chiffre de Zanetti et l'année 1723 sont gravés à la gauche d'en bas. Clair obscur de trois planches.

Hauteur: 5 p. 10 lig. Largeur: 2 p. 10 lig.

* Epreuve, sans l'année 1723, et le chiffre de Zanetti est surmonté de la lettre P.

15. Un génie en l'air, tenant par-dessus sa tête un drap qui descend sur son dos. La lettre P, le chiffre de Zanetti et l'année 1722 sont gravés à la droite d'en bas. Clair-obscur de trois planches.

Hauteur: 5 p. 10 lig. Largeur: 2 p. 10 lig.

16. Etude d'un homme avancé en âge, vu de profil, marchant vers la droite et tenant une écuelle à la main. La lettre P, le chiffre de Zanetti et l'année 1723 sont gravés à la gauche d'en haut. Clair-obscur de trois planches.

Hauteur: 5 p. 10 lig. Largeur: 2 p. 10 lig.

17. S. Jean Baptiste assis, tenant une petite croix de la main droite, et serrant de l'autre un agneau qui se tient sur ses deux jambes de derrière. La lettre P. le chiffre de Zanetti et l'année 1723 sont gravés à la gauche d'en bas. Clair-obscur de trois planches.

Hauteur: 6 p. 5 lig. Largeur: 3 p. 8 lig.

* Epreuve sans l'année 1723.

18. La Vierge assise, ayant sur son genou gauche l'enfant Jésus qu'elle soutient de la main droite, et dont elle tient un pied de l'autre main. La lettre P. et le chiffre de Zanetti sont gravés à la droite d'en haut. L'année 1723 est marquée à la gauche d'en bas. Clair-obscur de trois planches.

Hauteur: 6 p. 4 lig. Largeur: 3 p. 8 lig.

* Epreuve sans l'année 1723.

19. La Vierge assise sur des nues, soutenant de ses deux mains l'enfant Jésus qui est debout sur le genou droit de sa mère. La lettre P., le chiffre de Zanetti et l'année 1723 sont gravés à la droite d'en bas. Clair-obscur de trois planches.

Hauteur: 6 p. 3 lig. Largeur: 3 p. 8 lig.

20. Un vieillard debout, vu de profil et tourné vers la gauche. Il tient de la main droite un livre, sur lequel il porte l'autre main. La lettre P., le chiffre de Zanetti et l'année 1723 sont gravés à la gauche d'en bas. Clair-obscur de trois planches. Voyez Nr. 60 de ce catalogue.

Hauteur: 6 p. 3 lig. Largeur: 3 p. 8 lig.

21. S. Sébastien lié à un arbre, les mains

derrière le dos, et le pied droit à une branche qui sort du bas du trône. Il est vu de profil et tourné vers la droite. La lettre P., le chiffre de Zanetti et l'année 1723 sont gravés à gauche, à mi hauteur de la planche. Clair-obscur de trois planches.

Hauteur : 6 p. 3 lig. Largeur : 3 p. 8 lig.

22. Un vieux pâtre, vu de profil et tourné vers la gauche. Il est debout, adossé contre un arbre, et s'appuyant de ses deux mains sur un bâton. A ses pieds sont deux moutons. En bas est gravé, à gauche : *P. Jnu.* *del. et sculp.*, à droite l'année 1722. Clair-obscur de trois planches.

Hauteur : 6 p. 3 lig. Largeur : 4 p. 2 lig.

23. La Vierge assise, adorant l'enfant Jésus couché sur ses genoux. Elle est dans un ovale supporté sur des nues et entouré d'une gloire. En bas est debout, à droite St. Etienne, à gauche un autre Saint, ayant auprès de lui un jeune homme sur la tête duquel il pose sa main droite. On lit en haut, à gauche *Fran. Parm. Jnu.* et à droite *del. et scul.* L'an-

née 1722 est gravée au milieu d'en bas Clair-obscur de trois planches.

Hauteur: 6 p. 4 lig. Largeur: 4 p. 2 lig.

* Epreuve sans l'année 1722.

24. La naissance de la Vierge. Au devant de la droite se voient deux femmes dont l'une qui est vue par le dos, porte un vase, l'autre une chandelle. On lit en bas, à gauche: *P. Jnu.* [monogramme] *del. et sculp.* et à droite l'année 1722. Clair-obscur de trois planches.

Hauteur. 6 p. 4 lig. Largeur: 4 p. 3 lig.

25. Une femme debout, vue de profil et tournée vers la gauche. Elle porte sur la tête un vase qu'elle soutient de sa main droite. On lit à gauche, en haut: *Franc. Parm. Inuentor*, et à mi-hauteur: *Dilecto Amico Joan. Ant. de Moroulle Typum hunc dono dedit* [monogramme] 1724. Clair obscur de trois planches.

Largeur: 7 p. 5 lig. Hauteur: 3 p. 9 lig.

26. St. André assis sur sa croix, et tenant de la main droite un manteau dont il va se couvrir la tête. On lit à la droite d'en haut: *Praeclaro ac. Reuer.mo Viro F. Pellegrino Ant.o Orlandi Typum hunc a Fran.co Parm.e extractum dono dedit.*

1724. Clair-obscur de trois planches.

Hauteur: 7 p. 9 lig. Largeur: 5 pouces.

27. Une femme, un genou en terre, au pied d'un arbre, soutenant de ses deux mains un enfant qu'elle a devant elle, et tournant son regard vers un jeune garçon qui est assis a terre au devant de la gauche. Dans la marge d'en bas on lit: *A Francisci Parmensis Scheda, quam apud se retinet, Typum hunc, quem inexperto Marte caelauit Antonius M.a Zanetti Praeclaro Viro Dom.no Andreae Fountain Equiti Aurato, in amoris Monumentum deuouet et donat.* 1724. Clair-obscur de deux planches.

Hauteur: 7 pouces. Largeur: 4 p. 5 lig.

Ce morceau ne doit pas être confondu avec Nr. 59 de ce catalogue.

28. Une dame assise dans une chambre. Elle est vêtue d'une large robe, vue de profil et tournée vers la droite. Dans la marge d'en bas on lit: *Et Caro et hilari Amico Gh.o M.i Jabach Franc.i Parmensis Melancholiam dedicat et donat Ant.us M.a Zanetti.* 1726. Clair-obscur de deux planches.

Hauteur: 6 p. 5 lig. Largeur: 3 p. 11 lig.

29. La Vierge assise sur un autel sous un dais. En bas on voit à droite St. Jerôme debout, à gauche St. François à genoux. Pièce cintrée par en haut. Dans les deux angles que laisse le cintre, est écrit, à gauche: *Praeclaro Viro D.*[no] *Joseph Smith schedam hanc a*, et à droite: *Francisco Parmense extractam Ant.*[us] *M.*[a] *Zanetti D. D.* Clair-obscur de deux planches.

Hauteur: 7 p. 5 lig. Largeur: 3 p. 9 lig.

*Epreuve avant toute lettre.

30. S. Jean dans le désert. Il est assis sur un rocher, ayant la tête appuyée sur sa main droite. Près de lui, sur le devant à gauche, un ange caresse l'agneau du Saint. Dans la marge d'en bas on lit: *Magnanimo Deuoniae Duci Guglielmo Francisci Parmensis schedam hanc, quam, Antonii Tridentini more deperdito, in ligno caelauit, in suae seruitutis monumentum humiliter deuouet Antonius M. Zanetti.* 1725. Clair-obscur de deux planches.

Hauteur: 8 p. 2 lig. Largeur: 5 p. 1 lig.

31. Les disciples transportant le corps de Jésus Christ dans le tombeau. Celui

qui le porte par les aisselles, est vu par le dos, l'autre qui le tient par les jambes, est de profil. Les saintes femmes remplissent le fond. Le chiffre de Zanetti est gravé vers le bas de la droite. Clair-obscur de deux planches.

Hauteur : 7 pouces. Largeur : 4 p. 4 lig.

Ce morceau est accompagné d'une marge, dans laquelle est écrit: *Très illustri, Excellentissimoque Viro, Pictoriae Artis Professorum maecenati praestantiss.mo Zaccariae Sagredo Typum hunc, quem a Francisco Parmense lineamentis expono in observantiae monumentum humiliter deuoueo. Antonius M. Zanetti.* Cette dédicace est gravée sur une planche de cuivre.

32. Six apôtres debout et presque de front. On remarqne le jeune homme qui est vu de face et qui a les mains croisées devant lui. A la gauche d'en bas est la lettre P, le chiffre de Zanetti et l'année 1723. Clair-obscur de deux planches.

Largeur : 8 p. 2 lig. Hauteur : 6 p. 2 lig.

33. Dispute d'Apollon, avec Marsias qui est assis à droite. Dans un ovale. On lit dans les quatre coins l'inscription

suivante: *Illustri, ac Praestantissimo Viro, et Amico Distinctis.mo Domino Petro Crozat Typum hunc quem a Francisci Parmensis Scheda delin. et sculpsit Antonius Maria Zanetti donat dicatque* 1724. Clair-obscur de quatre planches. (Voyez la même pièce Sect. VII. Nr. 25.)

Hauteur: 8 pouces. Largeur: 5 p. 4 lig.

34. La Vierge assise, soutenant de la main droite l'enfant Jésus qu'elle a sur ses genoux, et mettant l'autre sur l'épaule de St. Jean. St. Joseph est debout à gauche, et derrière lui on remarque une jeune femme. Quelques autres figures sont dans le fond à droite, en avant du vestibule d'un temple. On lit à la gauche d'en bas: *Franc. Parm. Inu. Ant. M.a Zanetti sculp.* 1722. Clair-obscur de trois planches.

Hauteur: 9 p. 3 lig. Largeur: 5 p. 2 lig.

* *Première épreuve.* Avant toute lettre, et sans la marge d'en bas.

* *Seconde épreuve.* On lit à la gauche d'en bas: *Fran. Parm. Inu.* AM *del. et sculpsit.* Il y a en bas une marge de 6 lignes, où on lit: *Amico dilectis.mo Mariette Ant.us M.ia Zanetti donat et dedic.*

Troisième épreuve. C'est celle que l'on a détaillée. La marge d'en bas est sans la dédicace de Mariette.

35. Enée portant Anchise son père. On voit Troye en flammes dans le fond à gauche. Au haut de ce même côté on lit: *Fran. Parm. Inu.* AM *del. et sculp.* 1723. Clair-obscur de trois planches.

Hauteur: 10 p. 3 lig. Largeur: 5 p. 7 lig.

* Epreuve sans nom, chiffre et année.

36. Jeune femme vue de profil, marchant vers la gauche. Elle tend la main droite, et de l'autre elle soutient un vase qu'elle porte sur la tête. On lit vers le haut de la gauche: *Antonius M.a Zanetti ex Franc. Parmensis Scheda quae apud eundem extat, delin. et sculpsit, Amicoque Suo Nicolao Vleughels donauit* 1724. Clair-obscur de trois planches.

Hauteur: 10 pouces. Largeur: 5 p. 7 lig.

37. Jeune femme debout et dirigée vers la droite. Elle est vêtue d'un manteau large, et a la tête ornée d'une plume. Elle fait un geste de la main droite. On lit à la gauche d'en haut: *Antonius M.a Zanetti ex Franc.i Parmensis Scheda, quae apud eumdem extat, delin. et sculp-*

sit. dilectoque Amico Suo Petro Joan. Mariette donauit. 1724. Clair-obscur de trois planches.

Hauteur: 10 p. 2 lig. Largeur: 5 p. 8 lig.

38. La Ste. Vierge assise, ayant sur ses genoux l'enfant Jésus qui se penche vers le petit St. Jean Baptiste pour l'embrasser. Vers le fond à droite, trois saintes femmes, dont deux assises et une debout, s'entretiennent ensemble. A gauche on remarque St. Jean l'Evangéliste tenant un calice. Clair-obscur de trois planches. Sans marque.

Hauteur: 9 p. 9 lig. Largeur: 6 p. 8 lig.*

* *Première épreuve.* On lit à la gauche d'en haut: *Celebri Vgoni Howard Typum hunc, quem a Fran.co Parm.se delin. et sculp. Ant.us M.a Zanetti donat et dicat.* 1723.

On a de ce morceau une estampe gravée par Léon d'Avin.

39. Les bergers adorant l'enfant Jésus nouvellement né. La Vierge ayant l'enfant Jésus entre les bras, est assise à terre, vue de profil et tournée vers la droite, où l'on voit trois bergers à genoux et un quatrième qui porte un agnelet. A

gauche, un autre berger décharge son mulet. On lit vers le haut de la droite: *Franc. Parm. Inu. Ant. M. Zanetti del, et sculp.* 1723. Clair-obscur de trois planches.

Largeur: 10 pouces. Hauteur: 5 p. 6 lig.

Une marge au bas de ce morceau contient l'inscription suivante: *Illustrissimo, Potentissimoque Principi, ac Pictoriae artis Prophessorum vero Mecenati Guglielmo Duci Deuoniae etc. etc. etc. typum hunc, et hoc caelaturae genus, tot ab hinc annis obliteratum, Et quasi deperditum Antonius Maria Zanetti restituit, donat, dicatque.* Cette inscription est gravée au burin sur une planche de cuivre.

40. L'intérieur d'un temple, où les payens s'assemblent autour de la statue de Jupiter pour l'adorer. On lit à la droite d'en bas: *Perillustri et Celeberrimo Viro Dom.no R. Mead typum hunc quem a Francisci Parmensis Scheda lineamentis expono, humiliter deuoueo* 1724. *Antonius M.a Zanetti.* Clair-obscur de trois planches.

Largeur: 10 p. 4 lig. Hauteur: 8 p. 3 lig.

* *Première épreuve.* On y trouve cette

inscription: *Fran. Parm. inu.* [monogram] *del. et sculp.* 1723. menagée en blanc. Elle paroît à travers la troisième ligne de l'inscription de la seconde épreuve décrite ci-dessus.

41. Une femme debout, faisant signe de sa main gauche vers le côté droit. Elle a auprès d'elle un enfant qui y montre pareillement. On voit dans le fond à gauche une autre femme, et à droite quatre figures au delà d'un piédestal. Le chiffre de Zanetti est à la droite d'en bas. Clair-obscur de deux planches, fait d'après un dessein du Parmesan.

Hauteur: 4 p. 1 lig. Largeur: 3 pouces.

42. Une femme vue de profil et dirigeant ses pas vers la droite. Elle porte la main gauche sur sa poitrine, et de l'autre elle relève son manteau. Dans la marge d'en bas est écrit: *Ex Franc. Parm. Scheda quae in Celleberrima Deuoniae Ducis Collectione extat. Ant. M. Zanetti f. et humillter. D.* Clair-obscur de deux planches.

Hauteur: 5 p. 4 lig. Largeur: 3 p. 1 lig.

43. Un homme debout, vu par le dos. Il fait signe de la main gauche, et il a la

droite posée sur la hanche. Dans la marge d'en bas est écrit: *Ex Franc. Parm. Scheda, quae in Celeberrimo Deuoniae Ducis Collectione extat, Ant. M. Zanetti f. et humiliter D.* Clair-obscur de deux planches.

Hauteur: 5 p. 4 lig. Largeur: 3 p. 1 lig.

44. Jeune homme vu presque par le dos, marchant vers la gauche. Il regarde en arrière, et montre de la main droite vers la gauche d'en haut. Dans la marge d'en bas on lit: *Ex Franc. Parm. Scheda, quae in Celeberrima Deuoniae Ducis Collectione extat. Ant. M. Zanetti f. et humiliter D.*

Hauteur: 5 p. 4 lig. Largeur: 3 p. 1 lig.

45. St. Pierre marchant vers la gauche. Il porte un livre de la main droite, et de l'autre deux clefs. Le chiffre de Zanetti est vers le bas de la droite. Clair-obscur de deux planches.

Hauteur: 6 p. 3 lig. Largeur: 3 p. 8 lig.

46. St. Paul marchant vers la droite. Il tient un grand glaive de la main gauche, et un livre sous le bras droit. Le chif-

fre de Zanetti est à la droite d'en bas. Clair-obscur de deux planches.

Hauteur : 6 p. 8 lig. Largeur : 3 p. 8 lig.

47. St. Jean l'évangéliste marchant vers la gauche. Il tient un calice de la main droite, et porte un livre sous le bras gauche. En bas est, à gauche le chiffre de Zanetti exprimé en noir, à droite l'année 1739 en blanc. Clair-obscur de deux planches.

Hauteur : 6 p. 4 lig. Largeur : 3 p. 7 lig.

48. St. Jacques le mineur, marchant vers la droite. Il tient une équerre de la main gauche, et de l'autre un livre. A la droite d'en bas sont le chiffre de Zanetti et l'année 1739 exprimés en blanc. Clair-obscur de deux planches.

Hauteur : 6 p. 3 lig. Largeur : 3 p. 7 lig.

49. St. Jacques le majeur, debout et tourné vers la droite. Il tient de la main gauche un bourdon, et de l'autre il relève son manteau. Le chiffre de Zanetti est gravé en noir à la droite d'en bas, et les années 1740 et 1739 sont exprimées en blanc à la gauche d'en bas. Clair-obscur de deux planches.

Hauteur : 6 p. 3 lig. Largeur : 3 p. 7 lig.

50. St. Thomas debout et dirigé vers la gauche. Il porte un livre sous le bras droit, et tient un bâton de la main gauche. Le chiffre de Zanetti est à la gauche d'en bas. Clair-obscur de deux planches.

Hauteur : 6 p. 3 lig. Largeur : 3 p. 7 lig.

51. St. André debout, ayant le corps tourné vers la gauche, et la tête retournée vers la droite. Il soutient de ses deux mains une croix en sautoir. Le chiffre de Zanetti est gravé en noir à gauche, à mi-hauteur de la planche, et plus bas, de ce même côté, on voit l'année 1740, ainsi que les numéros 1 et 4, l'une et les autres en blanc. Clair-obscur de deux planches.

Hauteur : 6 p. 3 lig. Largeur : 3 p. 8 lig.

52. Un Apôtre debout et tourné vers la droite. Il lit dans un livre qu'il tient de la main gauche, portant l'autre main sur sa hanche. En bas est, à droite le chiffre de Zanetti exprimé en noir, à gauche l'année 1740 deux fois, l'une au-dessus de l'autre, exprimée en blanc. Clair-obscur de deux planches.

Hauteur : 6 p. 3 lig. Largeur : 3 p. 7 lig.

53. S. Simon debout, tenant une scie de la main gauche, et de l'autre un grand livre. Le chiffre de Zanetti est gravé à la droite d'en bas. Clair-obscur de deux planches.

Hauteur : 6 p. 3 lig. Largeur : 3 p. 7 lig.

54. S. Barthélemy dirigeant ses pas vers la droite. Il regarde un couperet qu'il tient de la main droite, et porte de l'autre un livre. Le chiffre de Zanetti est à la droite d'en bas. Clair-obscur de deux planches.

Hauteur : 6 p. 3 lig. Largeur : 3 p. 8 lig.

55. Un Apôtre debout, ayant les yeux élevés vers le ciel. Il relève son manteau de la main droite, et tient de l'autre un cordon. On voit à la droite d'en bas le chiffre de Zanetti gravé en noir, et l'année 1740 exprimée deux fois l'une au-dessus de l'autre. Clair-obscur de deux planches.

Hauteur : 6 p. 3 lig. Largeur : 3 p. 8 lig.

56. St. Jean Baptiste debout et tourné vers la gauche. Il porte un agnelet sur ses bras. Le chiffre de Zanetti est marqué à la droite d'en bas. Clair-obscur de deux planches.

Hauteur : 6 p. 3 lig. Largeur : 3 p. 7 lig.

57. Mutius Scévola mettant sa main droite dans le brasier qu'un jeune garçon debout à gauche tient par-dessus un autel. On remarque de ce même côté cinq figures d'hommes. Le chiffre de Zanetti est gravé au bas de l'autel. Clair-obscur de deux planches.

Hauteur : 6 pouces. Largeur : 4 pouces.

58. La Vierge assise à terre au pied de deux arbres, tenant de ses deux mains un mouchoir avec lequel elle semble aller couvrir l'enfant Jésus qui dort couché dans le giron de sa mère. Dans la marge d'en bas on lit : *Perillustri ac Celeberrimae Pitrici Rosalbae Carrierae Typum hunc quem a Laelio Nouellarae dilineauit, ingratitudinis, et obseruantiae monumentum dedicat et donat Ant. M.a Zanetti.* Clair obscur de deux planches.

Hauteur : 7 p. 3 lig. La marge d'en bas : 8 lig. Largeur : 5 p. 2 lig.

59. Une femme, avec un genou en terre, au pied d'un piédestal, soutenant de ses deux mains un enfant qu'elle a devant elle, et tournant son regard vers un jeune garçon qui est assis à terre, au devant de la droite. Le chiffre de Za-

netti est gravé sur le piédestal, vers le haut de la gauche. Clair-obscur de quatre planches.

Hauteur: 6 p. 4 lig. Largeur: 4 p. 4 lig.

60. Répétition de la pièce décrite au N° 20 de ce catalogue, dont elle ne diffère qu'en ce qu'elle est en contre-partie. La lettre P, le chiffre de Zanetti et l'année 1725 sont gravés à la droite d'en bas. Clair-obscur de trois planches.

Hauteur: 6 p. 3 lig. Largeur: 3 p. 7 lig.

61. Le corps mort de Jésus Christ mis dans le tombeau, et soutenu par une des saintes femmes. On voit à droite la Vierge évanouïe entre les bras d'une autre femme. Un apôtre est debout sur le devant à gauche. Plusieurs autres figures remplissent toute la largeur du fond. Le chiffre de Zanetti est gravé vers en bas, au milieu du tombeau. Clair-obscur de deux planches.

Hauteur: 9 p. 5 lig. Largeur: 7 p. 3 lig.

62. Une assemblée de différens hommes dont il y en a quelques uns qui jouent du flageolet. Dans un fond d'architecture où l'on voit la statue d'Apollon dans une niche. On voit à gauche arriver une fem-

me portant un arc. Clair-obscur de deux planches. Le chiffre de Zanetti est gravé vers la gauche d'en bas, sur le socle d'un piédestal.

Hauteur : 8 p. 2 lig. Largeur : 6 p. 4 lig.

Il y a au bas de ce morceau la dédicace suivante : *Eximio, clarissimo, atque dilectissimo amico Petro Joanni Mariette effigiem hanc a Jacobo Parmense delineatam, et ab Antonio Maria Zanetti Typis mandatam consecrat ipse, donat et dedicat.* 1741. Cette écriture est gravée sur une planche de cuivre.

63. Sujet champêtre offrant au milieu un homme debout près d'une cuve placée auprès de deux hommes assis à terre. On voit à droite deux vaches dont une est traite par une femme. Vers le fond de ce même côté une autre femme fait du beurre. Le chiffre de Zanetti est gravé à la gauche d'en bas. Clair-obscur de deux planches.

Largeur : 11 p. 6 lig. Hauteur : 8 p. 2 lig.

La marge d'en bas offre cette inscription : *Perillustri, Praeclaro ac Celeberrimo Viro Guglielmo Bristow Schedam hanc a Jacobo Parmense in lucem edi-*

tam, et ab Antonio Maria Zanetti delineatam et exculptam in profundi testimonium obsequij ipsemet donat, dicatque 1741. Cette inscription est gravée sur une planche de cuivre.

64. La présentation au temple. Composition d'un grand nombre de figures. On remarque particulièrement sur le devant, à gauche un homme debout, vu presque par le dos, et à droite une femme accompagnée d'un enfant. Le chiffre de Zanetti est gravé vers la droite sur une marche où une femme est assise. Clair-obscur de deux planches.

Largeur : 13 pouces. Hauteur : 7 p. 9 lig.

Dans la marge d'en bas on lit: *Perillustri, Eruditissimo ac Munificentissimo Viro Domino Riccardo Mead, Artium liberalium splendidissimo Mecaenati, Typum hunc a Jacobo Parmense delineatam, olim in Celeberrima Angelica collectione Arundelliana, nunc apud se retinens Antonius Maria Zanetti exculpsit, deuouet, et donat.* 1741. Cette inscription est gravée sur une planche de cuivre.

65. Le sacrifice de Noé. On le voit debout

auprès de l'autel, prier les mains jointes et élevées. Derrière lui, à gauche, un de ses fils tient un bélier. A droite deux hommes sont occupés à tuer un autre bélier. En bas est écrit: *Ex Raphaelis Vrbinatis Scheda que in Aedibus Crosatijs extat, Antonius M.a Zanetti delin. et sculps.* Vers le bas de la gauche est l'année 1740. Clair-obscur de trois planches.

Largeur: 10 p. 4 lig. Hauteur: 8 p. 4 lig.

66. Abraham recevant chez lui les trois anges. On voit le prophète à genoux à la droite de l'estampe. A mi-hauteur de ce même côté on lit: *Ex Raphaelis Vrbinatis Scheda*, et vers en bas: *Antonius Ma Zanetti delin. et sculps.* Clair-obscur de quatre planches.

Largeur: 10 p. 4 lig. Hauteur: 8 p. 4 lig.

67. Loth sortant de Sodome, accompagné de ses deux filles et de sa femme. Leurs pas se dirigent vers le devant de la droite. La ville en flammes se voit dans le fond à gauche. On lit en bas à gauche: *Ex Raphaelis Vrbinatis Scheda*, *à droite: Antonius M.a Zanetti delin. et*

sculps. 1741. Clair-obscur de quatre planches.

Largeur: 10 p. 5 lig. Hauteur: 8 pouces.

68. Dieu apparoissant à Isaac et lui défendant d'aller en Egypte. Isaac est à genoux devant Dieu qui plane en l'air à la gauche de l'estampe. La femme d'Isaac est assise à droite sous l'ombre d'un arbre. On lit en bas: *Ex Raphaelis Vrbinatis Scheda. Antonius M.a Zanetti delin. et sculps.* Clair-obscur de trois planches.

Largeur: 10 p. 4 lig. Hauteur: 8 p. 2 lig.

69. Isaac donnant la bénédiction à Esaü. On voit dans le fond à droite Rébecca et Jacob. Au milieu d'en haut est écrit: *Ex. Raph. Vrbinat.* A la gauche d'en bas est le chiffre de Zanetti et l'année 1741. Clair-obscur de quatre planches.

Largeur: 10 p. 4 lig. Hauteur: 8 p. 2 lig.

70. Jacob trouvant Rachel auprès du puits. Jacob est à gauche, Rachel et sa soeur sont au milieu de l'estampe. En bas est écrit. à gauche: *Ex Raphaelis Vrbinatis Scheda. Antonius M.a Zanetti delin et sculps.* Clair-obscur de quatre planches.

Largeur: 10 p. 4 lig. Hauteur: 8 p. 3 lig.

71. Les Israëlites traversant à gué la mer rouge. On remarque Pharaon dans un char attelé de deux chevaux vers le fond du côtè droit. En bas est écrit : *Ex Raphaelis Vrbinatis Scheda*, vers le milieu *Antonius M.ª Zanetti delin. et sculps.*. et à droite : 1740. Clair-obscur de quatre planches.

Largeur : 13 pouces. Hauteur : 8 p. 4 lig.

CLAIR-OBSCURS

GRAVES
PAR ANTOINE MARIE ZANETTI QUI NE SE TROUVENT PAS DANS LE RECUEIL PUBLIÉ PAR L'AUTEUR EN 1749.

---

1) L'annonciation. L'ange est à gauche, la Vierge à droite à genoux auprès de son lit. Clair-obscur de deux planches. Sans marque.

Hauteur: 5 p. 1 lig. Largeur: 2 p. 3 lig.

2) Jeune homme debout, vu de face. Il est nud, à l'exception d'un mantelet qui lui couvre le dos. Il tient un bâton de la main gauche, et a la droite appuyée sur sa hanche. Clair-obscur de trois planches. Sans marque.

Hauteur: 5 pouces. Largeur: 2 p. 8 lig.

3) Une femme assise dans l'attitude d'une profonde réverie, ayant le bras gauche appuyée sur une fenêtre, par où on

voit en l'air un ange portant une croix. Vers en bas est marqué, à gauche: R. V. c'est à-dire: *Raphael Urbinas*, et à droite: *Jun.* Clair-obscur de quatre planches.

Hauteur: 6 p. 7 lig. Largeur: 4 p. 1 lig.

Nous avons vu dans le cabinet de M.r le Comte de Fries une première épreuve de ce morceau, sans les marques indiquées ci-dessus, mais où on lit à la gauche d'en bas: *in mantoua* 1602. C'est la même que M.r Zanetti avoit envoyée à son ami Mariette, accompagnée d'une lettre, par laquelle il vouloit lui faire valoir par badinage cette pièce comme une ancienne gravure faite par André Andreani, ainsi que nous l'apprenons par une note écrite par Mariette sur le verso de l'épreuve, et qui est de cette teneur: *Ce morceau a été gravé par Zanetti. On y trouve la marque d'Andreani et la datte* 1602; *mais c'est un badinage du dit Zanetti. Il le fit dans l'intention de me tromper, en quoi il ne reussit pas. Il vouloit me faire accroire que cette pièce me manquoit, et il m'envoya cette épreuve assez délabrée, pour me la faire regarder comme un morceau ancien.*

Je lui répondis sur le champ que je n'étois pas homme à prendre le change. Mariette.

4) Mutius Scévola. Une répétition de Nr. 57 de ce catalogue. A la gauche d'en haut est gravé AMZ I. f. 1727. Clair-obscur de trois planches.

Hauteur: 8 p. 7 lig. Largeur: 6 p. 7 lig.

TABLE DES PEINTRES

ET DES CLAIR-OBSCURS QUI ONT ÉTÉ EXÉCUTÉS D'APRES LEURS DESSEINS.

	Sect.	Nr.
Pièces attribuées à ce maître.		
St. Paul	IV.	22
Les quatre docteurs de l'église. . .	IV.	35
Deux Vieillards.	X.	18
Un Philosophe.	X.	16

Bologna, Jean.

	Sect.	Nr.
Pilate.	II.	19
L'enlèvement d'une Sabine . . .	VI.	1
Ce même groupe, d'un autre côté . .	VI.	2
Le groupe précédent, gravé une seconde fois.	VI.	3
Le ravissement des Sabines . . .	VI.	4

Bonaroti, Michel-Ange.

	Sect.	Nr.
L'homme supportant un feston . .	X.	17

Briccio, Dominique.

	Sect.	Nr.
Une Thèse	VIII.	17

Caccia, dit Moncalvo, Guillaume.

	Sect.	Nr.
L'entrée de Jésus Christ à Jérusalem .	II.	16
Ste. Elisabeth	IV.	38

Caldara, Polydore, dit le *Carravage*.

	Sect.	Nr.
Pierre prêchant l'Evangile . . .	IV.	25
Ajax	VI.	9

Cambiasi, Lucas.

	Sect.	Nr.
Le Couronnement d'épines . . .	II.	20

Campagnola, Dominique.

	Sect.	Nr.
Les deux chèvres au pied de l'arbre. Attribué à ce maître	X.	20

	Sect.	Nr.
Campi, de Crémone, Antoine.		
Repos en Egypte	II.	10
Sainte famille	III.	14
La Musicienne	XI.	7

Voyez Cassolano.

Cassolano, Alexandre.		
Le portement de croix . . .	II.	21
La Ste. Vierge	III.	13
La Ste. Vierge accompagnée d'un St. Evêque	III.	22
St. François d'Assise	IV.	30
La femme en méditation . . .	X.	18

Correggio, Voyez *Allegri*.

Crémone, Antoine de. Voyez *Campi*.

Dossi, Dosso.		
La Ste. Famille. Attribué à ce maître .	III.	18
Fortunius, Jean Fortuna.		
Pièce emblèmatique sur la mort . .	VIII.	13
Franco, Baptiste.		
Le héros Chrêtien	VIII.	14

F. B. V. *Signifie:* Franciscus Baroccio Vrbinas.

F. B. V. I. *Signifie:* Franciscus Baroccio Vrbinas Invenit.

	Sect.	Nr.
L'adoration des Mages	II.	2
Le même sujet, traité différemment .	II.	3
Jésus Christ guérissant un paralytique	II.	14
Jésus Christ guérissant les lépreux .	II.	15
La Ste. Vierge	III.	12
La Vierge entourée de Saints . .	III.	24
La Vierge entourée de Saints . .	III.	25
La Vierge entourée de Saints . .	III.	23
La Vierge entourée de Saints . .	III.	21
Les Apôtres. Suite de douze pièces .	IV.	1-12
St. Jean Baptiste dans le désert . .	IV.	17
St. Pierre et St. Jean	IV.	26
Le martyre de St. Pierre et de St. Paul.	IV.	28
Ste. Cécile	IV.	37
La Sibylle Tiburtine	V.	7
Répétition de la pièce précédente . .	V.	8
Diogène	VI.	10
Circé	VII.	6
Circé, traité différemment . . .	VII.	7
Circé; répétition de la pièce précédente	VII.	8
Diane	VII.	9
Diane; traité différemment . . .	VII.	10
Jason	VII.	19
Jason. Répétition de la pièce précédente.	VII.	20
Des Nymphes au bain	VII.	22
Pallas	VII.	23
Pan et la dispute de Marsias . .	VII.	24
Saturne	VII.	27
Les Vertus chrêtiennes. Suite de six pièces	VIII.	1-6
La Force	VIII.	7
La Vérité	VIII.	8
Le tempérament colérique	VIII.	11

	Sect.	Nr.
L'astronomie	VIII.	16
Le Philosophe	X.	1
Jeune femme portant un plat . .	X.	2
Le joueur de luth	X.	3
La surprise	X.	10
L'homme assis, vu par le dos . .	X.	13
Le sacrifice	X.	21
L'étude	X.	30

Pièces attribuées à ce maître.

La Vierge dans un ovale	III.	4
Archimède	VI.	6
Arétin chantant la Sirène	X.	5
La méditation	X.	8
Homme nud assis	X.	32

Micarino. Voyez *Beccafumi.*

Michel Ange. Voyez *Bonaroti.*

Moncalvo. Voyez *Caccia.*

Motta, Raphaël, dit da Reggio.

Le jeune Tobie	I.	9
L'adoration des Mages	II.	5
Jésus Christ au tombeau	II.	24

M. S. *Signifie:* Marcus *Pino* Senensis.

Neroni, dit Riccio, Bartholomée.

Décoration de théâtre	X.	29

	Sect.	Nr.
Les Amours	VII.	3
Les Amours jouant aux pommes . .	VII.	4
Jeu d'Amours	VII.	5
Hercule étouffant Anthée . . .	VII.	14
Hercule étouffant le lion de Nemée .	VII.	15
Le même sujet, traité différemment .	VII.	16
Le même sujet, traité différemment .	VII.	17
Le même sujet, traité différemment .	VII.	18
Raphaël et sa maîtresse	IX.	2
Raphaël et sa maîrresse. Répétition .	IX.	3
Le Cardinal et le docteur	X.	6

Sarto, André del. Voyez *Vannuchi.*

Scolari, Joseph.

Jésus Christ mis au tombeau . .	II.	25

Titien. Voyez *Vecelli.*

Vaga, Perin del.

Saül sauvé	IV.	21
Les Amours	VII.	3

Vanni, François.

La Ste. Vierge	III.	11

Vannuchi, André, dit André del Sarto.

La Ste. Vierge	III.	9
La Ste. Vierge; attribué à ce maître .	III.	8
La Vierge Ste. Elisabeth et le petit St. Jean	III.	28

	Sect.	Nr.
Vecelli, Titien.		
Pharaon submergé	I.	6
St. Jérôme	IV.	31
Le Triomphe de Jésus Christ . .	V.	9
Vénus et l'Amour	VII.	29
L'Empereur Charles V.	IX.	1
La Nayade. Attribué à ce maître . .	VII.	21
Le Boeuf et l'Enfant. Attribué à ce maître	VIII.	15
Arétin chantant la Sirène. Attribué à ce maître	X.	5
Jeune paysan à cheval. Attribué à ce maître	X.	22
Viani, Dominique.		
St. Elie	IV.	29

TABLE
DES GRAVEURS EN BOIS
ET
DES CLAIR-OBSCURS QU'ILS ONT GRAVÉS.

	Sect.	Nr.
La Ste. Vierge, accompagnée de Saints et Saintes; d'après Ligozzi . .	III.	27
St. François d'Assise; d'après Ligozzi	IV.	30
Le Triomphe de Jésus Christ; d'après le Titien	V.	9
L'Enlèvement d'une Sabine; d'après Jean de Bologne	VI.	1
Ce même groupe, d'un autre côté .	VI.	2
Le groupe précédent; d'un autre côté .	VI.	3
Le ravissement des Sabines; d'après le même	VI.	4
Mutius Scévola; d'après Balthasar Peruzzi	VI.	7
Le triomphe de Jules César; d'après les desseins faits par Malpizzi sur la peinture d'André Mantegna .	VI.	11
Circé; d'après le Parmesan . . .	VII.	6
Des Nymphes au bain; d'après le même	VII.	22
La Vertu; d'après Ligozzi . . .	VIII.	9
Pièce emblématique sur la mort; d'après Fortunius	VIII.	13
La femme en méditation; d'après Alex. Cassolano	X.	14
Le feu au-dessous de la femme; d'après Malpizzi	X.	15
Une tête de mort	X.	28

Pièces attribuées à ce Graveur.

	Sect.	Nr.
L'adoration des Mages; d'après Luvini	II.	4
Le héros Chrétien; d'après B. Franco	VIII.	14

Pièces qui portent le chiffre d'A. Andreani, mais qui ont été exécutées en bois par d'autres Graveurs.

	Sect.	Nr.
La présentation au temple; d'après Joseph Salviati	II.	6

B. C. EQ. F. *Signifie:* Bartholomeus Coriolani Eques Fecit.

Boldrini, Nicolas.

	Sect.	Nr.
A *Signifie:* Antoine de Trente.		

Trente, Antoine de.

	Sect.	Nr.
Les Apôtres; d'après le Parmesan . .	IV.	1-12
St. Jean Baptiste dans le désert; d'après le même	IV.	17
Le martyre de St. Pierre et de St. Paul; d'après le même	IV.	28
Ste. Cécile; d'après le même. Attribué à ce graveur	IV.	37
La Sibylle Tiburtine; d'après le Parmesan	V.	7
Diane; d'après le Parmesan. Attribué à ce graveur	VII.	9
Diane; d'après le même. Attribué à ce graveur	VII.	10
Les honneurs rendus à Psyché; d'après Jos. Salviati	VII.	26
La Force; d'après le Parmesan. Attribué à ce graveur	VIII.	7
La Vérité; d'après le même. Attribué à ce graveur	VIII.	8
Le tempérament colérique; d'après le même. Attribué à ce graveur . .	VIII.	11
Le Philosophe; d'après le même. Attribué à ce graveur	X.	1
Jeune femme portant un plat; d'après le Parmesan. Attribué à ce graveur .	X.	2
Le joueur de luth; d'après le Parmesan	X.	3
L'homme assis, vu par le dos; d'après le Parmesan	X.	13

Vicence, Joseph Nicolas de.

	Sect.	Nr.
L'adoration des mages; d'après le Parmesan	II.	2

Fig. 1.

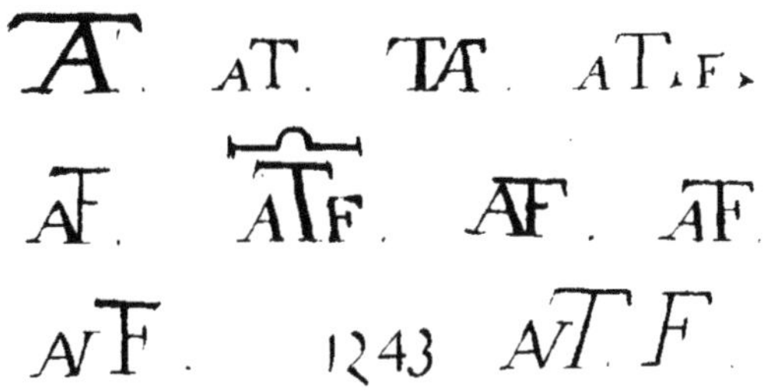

A. AT. TA. AT.F.

AF. ATF. AF. AF.

AF. 1243 AT. F.

Fig. 2.

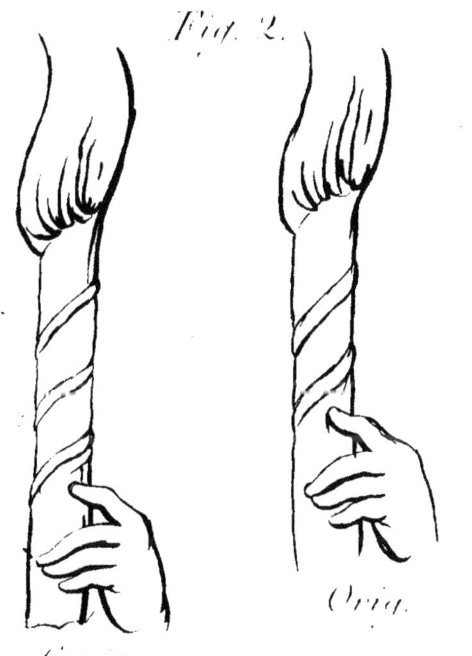

Copie. Orig.

Fig. 3.

a. b.

www.ingramcontent.com/pod-product-compliance
Ingram Content Group UK Ltd.
Pitfield, Milton Keynes, MK11 3LW, UK
UKHW020550180726
13838UKWH00001B/146

9 782329 349718